デジタルアーカイブ・ベーシックス

共振するデジタル人文学と
デジタルアーカイブ

鈴木親彦［責任編集］

勉誠出版

本書の趣旨と構成

責任編集者

鈴木親彦

　デジタルアーカイブ・ベーシックス第2シリーズの2巻目となる『共振するデジタル人文学とデジタルアーカイブ』が発刊の運びとなった。本書を手に取っていただいた読者に向けて、本書の企画趣旨を整理し、掲載されている論考の構成について説明をしておこう。

　本書で中心的に扱うデジタル人文学（Digital Humanities の訳語。人文情報学と訳されることも多く、カタカナでデジタル・ヒューマニティーズと表記されることもある。以下略称DHで記す）と、本シリーズの根幹であるデジタルアーカイブ（以下略称DAで記す）は相互に関係性が深い分野である。

　人文学にデジタルを取り入れ、さらに発展させていくDHだが、一言で人文学といっても多様な研究分野・ディシプリンに分かれている。例えば歴史学と言語学、美術史学と哲学などのように、相互に共通する部分は持ちつつも、具体的な研究対象や作法は異なってくるものだ。そして、DHへと取り入れられるデジタル分野は、もちろん単一の技術や手法を研究・提供しているわけではない。こうした多対多対応の中で進展するDHの基礎的な概念がMethodological Commons（「方法論の共有地」）

である[1]。

　DHにおいて人文学の研究者は、それぞれの専門性に従った目的、作法、方法を軸にデジタル技術を活用していく。一方で、テキストや画像の解析、様々なデータの扱い方など活用の具体的なレベルでは、同じデジタル技術が利用されることもある。こうしてMethodological Commonsにおいて、個々の分野を超えてデジタル技術に関する議論・共有が可能になるのだ。DHから見たDAは、Methodological Commonsにおける、テキスト・画像・音声・動画やそれらを管理するためのメタデータなども含む技術の一つ（または集合体）として重要である。

　DA側から見てみると、人文学の様々な情報をデジタル化しアーカイブとして整理していくことは、ますます重要度を増している。詳細は本シリーズですでに刊行されている各巻を参照いただきたいが、人文学が対象とする、例えば地域に関わる情報や史料の情報などがDA化され、防災やビジネスなど幅広い分野で活用されるようになってきている[2]。別側面から見るとDAという「日本語」の名付け親とされる月尾嘉男が、デジタルによる発信力を高めるためアメリカ型「デジタルライブラリー」をインスピレーション源の一つとしたことも、DAとDHの関係の深さをうかがわせる[3]。ただし、DAは全ての人類の知・情報基盤となることを考えれば、その対象は人文学資料のみではなく、自然科学や産業など幅広い分野もその射程に入ることも忘れることはできない。言い換えれば、DHを含む人文学はDAが扱う分野の一つと置くことも可能となる。

　では、DHから見たDA、DAから見たDHは、相互に若干のずれを持ったまま、間接的な影響を与え合うに過ぎないのであろうか。そうではないはずだ。本書の狙いは、共通点と相違点を自覚しつつ、相互により高度化していく可能性を見出すことにある。本書のタイトルに敢えて

「共振する」という語を選んだのは、直接・間接どちらにおいても、それぞれの分野での研究の発展が、もう一方の分野の発展に寄与しうるということを示すことを企図したためである。

　本書ではこの目的を達成するために、第一線でDHの研究を推し進めてきた研究者、空前の規模の予算を獲得して日本全国レベルの古典籍のデジタル化を進めるプロジェクトなど、いわば日本を代表するDAとDHの識者から、新進気鋭の若手DH研究者、伝統的手法で研究を進めつつも近年のDH・DAの定着に可能性を見出した人文学研究者など、幅広い専門家に執筆を依頼した。

　それでは、以下本書の構成と各章の概要を紹介していく。本書は全体として4部構成となっている。第1部では、長年にわたり日本におけるDA・DHの研究をリードしてきた研究者による、二分野の関係整理を試みている。

　第1章を執筆した赤間亮は、DA・DHという言葉が日本に定着する以前から、デジタルと人文学を結び付けた研究を進め、今や国際的にも極めて重要な立命館大学アートリサーチセンターのデータベース・研究環境を作り上げた。その経験を踏まえつつ、DAがどのようにDHにとっての研究基盤となりうるのか、そして現状何が不足しているのかについて、社会に向けた提言も加えつつ整理している。DAを巡る理論と実践の融合の必要性と、なによりも伝統的な人文学とDHの間にいまだ存在するある種の「壁」を取り払う必要性を述べている。

　第2章では、日本にDHを定着させた一方の功労者である永崎研宣が、DAを成立させている諸要素を「レイヤー」として整理することで、DHとDAの関係について全く新しい視点をもたらす。インターネットのレイヤー構造を一つのヒントとして、デジタルコンテンツそのもの（DA-

L1)、デジタルコンテンツを活用するためのメタデータ等のアノテーション（DA-L2）、アノテーションを介してデジタルコンテンツの閲覧や検索・分析等するインターフェイス（DA-L3）、技術面に止まらないコミュニケーション・レイヤー（DA-L4）という4層構造でDAを整理している。そこに実際のDHの諸研究、手法、活動を落とし込むことで、構築者としても利用者としても、DHはDAに貢献し得る存在としている。

続く第2部は、DH分野におけるDA構築について、大学レベルでの取り組みや、さらに広い国レベルでの取り組みから整理するとともに、DHにおいても重要度が増している「研究データ」という視点をそこに組み込んでいる。

第3章では、文部科学省による「大規模学術フロンティア促進事業」として、人文学分野としてはこれまでにない規模の予算が投入され、「日本語の歴史的典籍」のデジタルアーカイブと研究ネットワークの構築を進めている「日本語の歴史的典籍の国際共同研究ネットワーク構築計画」に関し、具体的なプロジェクト内容や技術的な仕様を、山本和明が論じている。山本はさらに、「共振」がなされるために、大規模人文学DAとして果たすべき役割と課題、DAはDHとどう向き合うべきかを論じる。さらにDAを利用する人文学研究者が自覚すべき点があることも述べている。

第4章では、大学におけるDAとDHを支える基盤となっている大学図書館について、研究サポーターから研究パートナーへと変貌を遂げつつある現状を、西岡千文が論じている。欧州研究図書館協会（LIBER）の調査結果を詳細に示しながら、こうした動きで先行する欧州において、大学図書館の置かれている実態、課題を整理している。その上で、日本の事例を交えつつDHを支える基盤として、さらに来るべき知識循環型

社会における大学図書館の具体的な可能性を論じている。

　第5章では、山田太造が歴史資料とデータという視点から、日本学術振興会「人文学・社会科学データインフラストラクチャー構築推進事業」において東京大学史料編纂所が進めている、資料管理の共有化の具体的な取り組みを説明する。長年アナログで収集されてきた資料をデジタル化するところから、デジタル画像の公開、内部でのファイル管理に至るまで、各段階で生じる問題などと合わせて具体的な研究データ化のフローが説明されている。さらに、そうした研究データがデータ駆動型研究として期待されている成果に結びつくために、解決すべき複数の課題が提示される。

　第3部はDAを軸とした人文学の研究コミュニティについての論考をまとめている。それぞれ海外の状況、日本における具体的な実践例、大学教育における広がりについて述べられている。

　第6章では、大沼太兵衛が近年欧米の複数のDAが進めている「ラボ(Lab)事業」について背景を解説し、研究拡張の可能性を示す。ラボ事業とは、「デジタルコレクションやデータへのアクセスと利用を拡大し、新しいコレクションやツール、サービスを生み出すことを主な目的」とするとされ、DAが「研究者や教育者、芸術家などの多様な外部コミュニティとの実験的な取組を進める場」という。こうしたラボ事業は、DA外のプレーヤーを積極的に取り込んでいくという側面を持ち、新たなエンジニアを巻き込むだけでなく、これまでDHに積極的でなかった人文学研究者のニーズも捉えて研究コミュニティを拡大・深化させていく可能性もあると論じている。

　第7章では、大学院生中心の勉強会としてスタートし、今や若手DH研究者にとって重要なコミュニティとなったTokyo Digital Historyにつ

いて、その設立者であり中心メンバーである小風尚樹が論じている。成功したコミュニティの具体的状況を知ることができるだけでなく、その中で実感してきた若手研究者が直面する課題が明示され、より広い研究コミュニティ全体における構成員・意思決定者の多様性について、明快な提言がなされている。

　第8章では、村井源が公立はこだて未来大学において長年実施してきたDH・DA教育について、「人文系データサイエンティスト」をキーワードに論じている。ここで重要視されているのは、単にデータを処理できるということではなく、研究上の問いと目的を持ち、研究コミュニティへ貢献できる人材、さらには人文学的素養をもって「リアルな人間とその生きざまを感じ取れる想像力と感性を育」んで行ける人材である。さらに村井は、DH・DA教育を通して得る能力は、アカデミックな世界以外でも有用であると述べる。

　第4部は、今後のDAとDHの関係を考えるために、やや立て付けを変えている。まずは3名の「伝統的な人文学研究者」に、他の論考よりはやや短めの小論としてDAやDHに期待することを自由に論じてもらった。慶應義塾大学附属研究所斯道文庫の佐々木孝浩、東京大学大学院人文社会系研究科教授の髙岸輝、国立歴史民俗博物館プロジェクト研究員小風綾乃と、敢えて研究歴においても専門分野においても幅を持たせることで、多角的な視点から意見が得られた。一方でどの論考においても、DH・DAを推進することの重要性が語られ、デジタル技術や技術を持つ人材と協力・交流をすることで生まれる新しい可能性の認識が共通して示されている点は、まさに「共振」が一般化しつつある現状を示している。

　第4部および本書全体のまとめとなる第12章で、DAとDHの未来を

大学がいかにつなぐかについて大向一輝が論じている。DA教育・DH教育の大学内での位置づけを国際的に俯瞰することから始まり、大学部局におけるDA・DHの成果の継続性や制度化の可能性に触れている。更には大学という場でこそ意義を持つDA・DH連携のあり方についても述べている。

　繰り返すが、DHは多対多の組み合わせの中で進展する。この組み合わせの多さが反映された本書の内容は、一見すると相互に独立し、多彩である。もちろん、各執筆者には独立した論考として依頼しているので、それは当然ではあるのだが、一方でDAとDH相互に持つ乗り越えるべき課題、未来の可能性については、各部のテーマを超えて章ごとに共通する部分も多い。

　第1章の赤間論考と、第3章の山本論考は、それぞれ趣は違うものの、伝統的な人文学研究とDHの間にある壁を如何に取り払うべきかという点で共通の危機感を持っている。また第2章で永崎が提示したレイヤーモデルを踏まえることで、第4章・第6章などで議論となっている外部へのつながりという問題は、より整理した議論が可能になる。本書を手に取った読者諸氏には、まずは自身の専門性や興味から読み進めていただければと思うが、その後に、全体の関係性を考えながら通読をしていただけると、さらなる発見があると確信している。

　最後に、本書に寄稿いただいたすべての執筆者、出版のサポートに尽力くださった勉誠社、特に担当編集者の坂田亮氏、そして編集委員会のメンバーに改めてお礼を申し上げる。

　では、共振するDAとDHの世界へお進み頂きたい。

注

1) Methodological Commons については本書第2章に詳しい。また第2章を執筆する永崎本人の研究ブログ「digitalnagasakiのブログ」において、「Methodological Commons: デジタル人文学で昔から定番の話」と題して歴史的背景を含めて整理されている（https://digitalnagasaki.hatenablog.com/entry/2020/12/20/182659）（最終アクセス：2023年3月25日）。

2) 本シリーズ既刊、今村文彦監修、鈴木親彦責任編集（2019）『デジタルアーカイブ・ベーシックス2 災害記録を未来に活かす』、時実象一監修、久永一郎責任編集（2021）『デジタルアーカイブ・ベーシックス5 新しい産業創造へ』他。

3) 柳与志夫（2021）「『デジタルアーカイブ』に至る道—月尾嘉男先生インタビュー」『デジタルアーカイブ学会誌』5（4）, 246-251. DOI https://doi.org/10.24506/jsda.5.

[もくじ]

第 **1** 部

DAとDHの関係

第1章

デジタル・ヒューマニティーズと デジタルアーカイブ

赤間 亮

1 はじめに

　デジタル・ヒューマニティーズ（DH）とデジタルアーカイブ（DA）との関係について述べよとの本書編者からのご指名である。筆者は、DAの現場に入って、すでに35年を超える活動をしてきた。DAという言葉が生まれる以前からである。もちろん、DHという言葉も生まれていなかった。高価だが貧弱な機能のDA機器を目の前にして、試行錯誤を繰り返し、多くの無駄な努力もしてきた。一方、インターネットが一般ユーザーにも利用可能となり、Webサイトが続々と誕生し始め、筆者も情報発信の仕事を開始した1995年頃から後の仕事は、初期のデジタル型プロジェクトであったにも関わらず、寿命が長くまた量的にも大きな仕事をしてきたと思う。本章で、その経験を述べることはしないが、考え方には、その経験が反映されている。

2 DHは進んだか

　デジタル時代の人文学に、DHという「名称」が生まれたが、それ以前の人文学を何と呼んだらよいのか。デジタルの対義語としてアナログを使って、アナログ・ヒューマニティーズというのもピンと来ないが、従来の人文学と

いうのなら、トラジッショナル・ヒューマニティーズであろうか。本章では、仮にTHと略称していくことにする。

　デジタル機器が使えなかった時代、THでは、リニアに記録するノートや、それをノンリニアに引出すため、連続したノートの内容に、情報の単位を作ってバラバラにした(つまりデジタルにした)カードを使っている。だから、デジタル機器が発達し、カードの代替ツールが生まれると、それを便利な道具として研究者は使い始めた。Webが出現し、これをきっかけに世界がデジタル環境下に入ると、デジタル技術を使ってTHを進めることが可能となり、そこに誰もが容易に使えるソフトウェアが提供されると、それを使うことでデジタル技術を取り入れた人文学の研究が、DH研究と呼称されることになる。

　現在、研究者で文章を書くのにWordなどのワープロソフトを使わない人は、ほぼ皆無であろう。また、情報の伝達にインターネットを使わない人がいるとも思えない。とすれば、30年前から見れば、現在の人文学は、すっかりDH型に移行したと言えるはずである。

　本書の読者にとっては、MS OfficeやAdobe社が提唱するアプリケーションを使いこなすことが、イコールDHではないだろう。しかし、現状、(人)文学部の教員に、自分の研究分野で必要なデジタルスキルを学生に教えるとすれば、どのようなことを期待するか、あるいは教えことができるかと問いかけるとする。すると、インターネットを通じて研究文献を収集できる、パワーポイントでの発表ができる、Excelでデータシートを作り、グラフにして分かりやすくする、などというスキルを身につけさせたいという答えが返ってくるはずである。が、このようなスキルを身につけて研究することは、1990年代の人文学研究と比較すると、あきらかにDH化しているのである。

3　Web2.0時代での変化

　2004年頃にWeb2.0という言葉が使われるようになった。インターネッ

トのインタラクティブ性が、ブログやSNSの出現によって、ワンランク上がったことを指しているが、Webの一般利用が始まったときから期待されていた「インタラクティブ性」が、ようやく一般人にとっても「情報の双方向性」として実感できるようになったのである。

その一つとして、たとえばWikipediaの出現が挙げられる。人類の知のエンサイクロペディアがWeb2.0型で実現したとき、ある意味で人文学のDH化が一歩実現したことになるのだが、TH時代の多数の研究者は、これを未熟な情報源として嫌悪したし(今でもその考えを頑として変えない研究者もいる)、そもそもこれを使い始めた研究者にとっては、この容易に理解できるシステムは使えて当たり前であり、自分たちがDHに踏み出したとの認識はなかったはずである。しかし、Wikipediaが存在していなかった時代を思えば、これは、画期的なDH化であった。

その後、急速にSNSが普及していくことになるが、このSNS時代に生まれたのが、DHという言葉である。それまでコンピューティングと人文学が結び付いた、THのあちら側、厚い壁の向こうにある遠い世界と考えられたものが、その壁に突然穴が開き、TH側からも向こう側が見えるようになったのである。

DHは、デジタルテキストを使った、主にテキストマイニング型の研究から始まった。なぜなら、人文学における最も重要で普遍的な研究資源は、テキストであったからだ。そして、テキストであれば、リソースが印刷媒体であっても、OCRによって比較的容易に電子テキスト化し、材料を揃えることが可能となっていた。また、SNSによって、膨大なボーンデジタル・テキストがWeb上に蓄積されるようになっており、それらは少しの工夫を加えるだけで、容易に手許に置くことができるようになっていた。

4　DHは学問になりうるか

そうした状況を承け、立命館大学では、アート・リサーチセンター

（ARC）を核として2007年からグローバルCOEプログラム「日本文化デジタル・ヒューマニティーズ」を開始し、5年間の若手研究者教育プログラムを推進した。日本で、DHという言葉を前面に押し出して活動を開始した最初の組織であったと思う。ただし、立命館ARCはデジタルテキストではなく、マルチメディア型DHを目指したことに特徴があった。

　テキスト型DHではなかったからというわけでもないが、その当時、筆者などは、DHとは人文学にデジタル技術を導入するものであり、デジタル技術の発達や環境の浸透が進めば、わざわざDHという言葉を使わなくてもどの人文学の分野においても次第にDHが当たり前のことなると考えていた。特にDHという括りで学問領域を独立させる意味はないと考えていたし、説明もした。DHとは、人文学における一つの潮流（あるいは流行）であって、人文学の世界でワープロが普及したときに、人文学に新しい呼称が生まれなかったのと同様、この用語、あるいは分野は、将来消滅すると考えていたのである。

　ところが、それから15年を経た現在、DHは消滅していない。むしろ、相変わらず普及していない、と言った方がよいかもしれないが、一方、ビジネスの分野で、DX（デジタルトランスフォーメーション）という国を挙げての掛け声がかかるようになった。そのため、有難いことにDHとは、人文学におけるDXなのだという説明ができるようになった。

5　Covid-19とDXの嵐

　ところで、そもそもDXとは何か。DXは、2004年にエリック・ストルターマン（Erik Stolterman）らが提示した考え方であると言われている。その当時は「高度なデジタル技術を用いて生活を改革していくこと」という、今から評価すると漠然とした概念であった。2010年代になり、欧米でDXは企業が生き残っていくためには必要不可欠のものであると捉えられるようになる。日本では、2018年に、経済産業省が「DXレポート　ITシステム「2025年の崖」

克服とDXの本格的な展開」[1]を発表して、DXという用語をよく聞くようになった。続いて「DXレポート2（中間取りまとめ）」[2]もまとめられた。

　この間、2021年にようやくデジタル庁がスタートし、DXの推進が加速し始めたように思われるが、2022年7月には「DXレポート2.2」[3]が出て、矢継ぎ早に日本の産業界の改革を目指した研究会の実施とその報告が公表されている。2.2を取りまとめた研究会の名前は「コロナ禍を踏まえたデジタル・ガバナンス検討会」であり、イノベーティブな研究会としては時機を逸しているようにも感じるが、「デジタル・ガバナンス検討会」の部分が問題で、同じ経済産業省の研究会「Society5.0における新たなガバナンスモデル検討会」と課題は被ってくる。我々は、DXとSociety5.0は連動するものであり、そこを貫くキーワードは「デジタル」であるという極めて単純な理解に落着くことになる。むしろ、DXに魔法のような近道はなく、地道なデジタル対応とシステム環境やツールの向上によって、組織全体でのDXを進めるもので、とりわけ組織トップの理解と推進力が重要とされているようである。ビジネスの世界ですら特効薬がないのに、学術の世界のDHに特効薬は望めない。だとすると、DHの直接の対抗軸であるTH型の研究者らからの「それをやって何がわかるのか」という疑問や批判に対して、それほど簡単に整った回答を提示することなどできないのではないか。

　このDX推進の時期には、とくにコロナ禍を経ることで、研究者の日常に大きな変化が起きた。コロナ禍での最大の変化は、Zoomを筆頭とするオンライン会議システムの普及であろう。それ以前にも、Skypeなどの会議システムは普及していたが、誰もが使わなければいけない時代ではなかった。コロナ禍という"災害"によって強制的に利用環境を持たざるを得なくなったことで、獲得できたDX環境である。

　フィジカルな調査と移動を伴うコミュニケーションの場（つまり学会など）を金科玉条の如く必要としてきた人文学の世界に、オンラインミーティングや研究資源のオンライン配信が急速に普及したことで、コロナ禍以前と以後とで、TH型研究者自身もDXを実感できるようになったはずである。

これをたとえば、Web2.0以前の15年前時点と比較すれば、AI技術の進化など、デジタル技術の活用が明らかに別次元の段階に入ったと言えるはずであり、DHも進んでいるに違いない。しかし、TH型研究者は、たとえば大学の運営・教務のDXは受入れているが、自身の研究もまたDXが「必須」であるという認識はないし、DXが進んでも自身の研究がDHに転じてきているとは思っていない。

6　DXの国家戦略からみるDH

　DX環境が整っていくことで、DHに何か変化は起きるのだろうか。確かに、過去のある時点からみると、その段階、段階でDHが進んだように見える。しかし、それはたとえば、Webが使えるようになった、ワープロソフトや表計算ソフトが使えるようになった、データベースソフトも使い出した、SNSで自身の活動を公表できるようになった、文献目録がオンラインで検索できるようになった、Wikipediaが使えるようになった、国会図書館デジタルコレクションが拡大してますます便利になった、などというツールや情報環境の進化を人文学研究者が享受できるようになっただけである。おそらく、今後も一般社会でのDXが進展すると、それから数十歩遅れる形で、人文学にもその環境と手法が波及して、DH化が進んでいくのは間違いないであろう。

　それでは、我々は何もしなくてよいのだろうか。現在DXでは、こうした部分的で受動的な変化を待つのではなく、国家戦略として包括的で能動的な変化が求められている。DHについても、能動的な活動があり得るのではないか。おそらく「DHの推進」そのものが、DHの研究テーマであって、単なる潮流と考えていたDHが学問となりえる根拠となるのではなかろうか。

　DXのキーワードに「アジャイル型開発」がある。最初に開発の設計・仕様が途中に変更になる可能性も考え、開発行程の単位を区切り小さなプロジェクトとし、企画・設計・実装・実証の工程を繰返して、全体を仕上げていく

開発手法である。先述した「DXレポート2(中間取りまとめ)」25頁図4-4には、DX化の進展により変わっていくビジネスの形が図示されている(図1)。

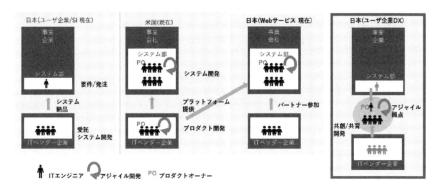

図1　アジャイル開発の形(受託から共創／共育へ)

　人文学の研究は、まさに小さなプロジェクトの塊とも言え、一つ一つのプロジェクトも、実際、アジャイル型で進行する。大きな仮説が順序よく証明され、結論が導き出させるわけではない。ビジネスの上での事業・企業を研究所や学会、大規模共同研究プロジェクトと置き換えれば、まさにDX化された人文学研究の姿となるのである。このアジャイル拠点が、DH研究の場であり、開発の場であるとすれば、DHは、常に新しい何かを開発し続けることになるので、消滅することがない。つまり、この図でいうITベンダー企業はその時々のデジタル技術であり、デジタル技術が進化し続ける限り、人文学の研究テーマと組み合って、新たな開発が行われるのである。

　また、この図の説明のあと、

　　ベンダー企業はデジタル技術における強みを核としながら、ビジネス展開に必要な様々なリソース(人材、技術、製品・サービス)を提供する企業、業種・業界におけるデジタルプラットフォームを提供する企業や、さらにはベンダー企業という枠を超えた新たな製品・サービスによって

直接社会へ価値提案を行う企業へと進化していくことが期待される。これにより、ベンダー企業は、ユーザー企業個別の受託開発ビジネスや従来技術を用いたシステムの維持管理といった旧来のシステム開発の現場から、多くの人材・資金を解放することが出来るようになり、より高付加価値な企業体質へと移行することができると考えられる。

と、ITベンダー企業のあるべき姿についても言及がある。ベンダー企業は、「ユーザー企業個別の開発」「従来技術を用いたシステムの維持管理」という束縛から解放され、「企業・業種・業界におけるデジタルプラットフォーム」を提供する形へと変化が求められている。

　企業・業種・業界は、人文学の世界では、研究所・領域・学会に相当するだろう。そうした領域別の"デジタルプラットフォーム"を提供する主体は、人文学の世界ではどこになるのか。また、この"デジタルプラットフォーム"を具体的に構想している組織はあるのだろうか。国会図書館や国立情報学研究所を中心とする総合型組織が、学術分野のオンライン環境を開発提供しているのは言うまでもないが、とくに縦割細分化が進んだ人文学の場合、領域別プラットフォームを確立している事例はあまり見当たらない。

　さて、「DXレポート2(中間取りまとめ)」には、DXに至るアクションを三段階で図示している(図2)。

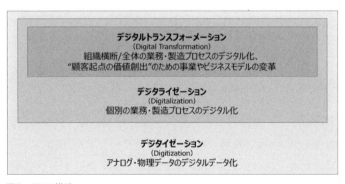

図2　DXの構造

これによると、

　①デジタイゼーション　②デジタライゼーション　③DX

という階層で進んでいき、これはインダストリー4.0で定義されるデジタルの構造と同一であるとされる。

　この図では、①デジタイゼーションが全体を覆っており、そこに含有される形で、②デジタライゼーションがあり、また、その中に含有される形で、③DXが存在している。単純な積上型の構造ではなく、また下位概念としてデジタイゼーションがあるのではなく、基盤としてデジタイゼーションが位置づけられている。これをDHに至るまでの道筋に当てはめて考えることも可能だろう。すると、デジタイゼーションが何よりDH化のための基盤であると説明し得よう。以下、デジタイゼーションを「デジタル化」と呼び替えていく。

7　DH教育から見たデジタルアーカイブ

　現在、立命館大学文学部では「デジタル人文学」クロスメジャーという、専攻横断型コースを学部生に提供している。いうまでもなく、デジタル人文学は、DHの和訳である。ここでは、総合大学の文学部が対象としている学術分野を学ぶ学生が、自身の専攻で展開したいテーマに対して、本属の専攻では提供していないデジタル技術や研究方法を学ぶ。ゼミ発表では、専攻を異にする学生が、文学部の細分化された学問分野の中で、さらに個別のテーマについて発表するわけだから、従来の感覚では質疑応答が成り立たない。ところが、分野が違いながらも、使われるデジタル技術やソフトウェアは共通しているので、その技術面での情報交換、応用の仕方、工夫などが共通の話題となり、授業が成立するのである。

　最も多く使われるのが、テキストマイニング・ソフトで、このコースで

は、立命館大学の教員が開発しているソフトウェアということで、KHコーダー[4]を標準的に使っている。また、対象となるテキストを収集するためのスクレイピングの手法についても学ぶ。これによって、ある程度のデータ量を確保して、計量的な分析の体験ができることになる。

　この場合に問題になってくるのが、自身のテーマを設定したときに、SNSなどのボーンデジタル・テキストのみを対象とするだけで足りるのかという点である。一般的に人文学は、ある程度の幅を持った歴史時間軸上の事柄を対象とする場合が多い。Twitterのツイートを材料にしてテキストマイニングを行い、分析結果をレポートするのは、本コースの定番の練習課題であるが、学生自身がテーマを設定した場合、Twitterが提供するテキストの時間的な幅だけでは、不足してしまうことが多い。

　また、研究成果の発信のためのWebサイト構築に、コンテンツ管理システム(CMS)を使ったデジタル展示に挑戦する学生もいる。この場合は、主に論文によって研究成果がまとめられるTH型研究とは異なる成果発信の方法があり、「成果物」型での卒論提出という可能性があることに気付かせることになる。この時に、Webが大容量のストレージであることを認識するとともに、オンライン上にある程度のコンテンツが存在しているテーマとないと、形にならないことを認識する体験となる。

　そのため、必要になってくるのがデジタル化である。テキストマイニングによる研究の場合、図書や雑誌などの紙媒体でテキストが提供されていた時代については、そのデジタル画像を入手し、OCRをかけることで電子テキストが得られるが、マイニング可能なレベルのデータクリーニングが必須であり、これに時間が取られる。青空文庫をアーカイブとして活用する場合、著作権が切れている作家の作品を入手できるわけであるが、村上春樹の研究をするような場合には、自身で電子テキストを作成しなければならない。余程のことがない限り、このような作業を完了させて卒論に結び付けられる学部生はなかなか現われない。

　一方、情報発信型に踏み出す場合、CMSの仕組みやテンプレートの導入、

簡単なプログラミングを覚える程度でスタートできるが、自身が選んだテーマによるデジタル展示をオンライン上に展開するには、いかにジャパンサーチ[5]が出現して便利になったと言っても、まだまだオンライン上で活用できるデジタル資料が不足している。その根底には、人文学では"現在"を考える上で必ず「歴史的な経緯」を踏まえる必要があり、人類がデジタル環境を獲得する以前のプレ・デジタル時代を対象とせざるを得ないという性質があるからである。

　例えば、筆者が中心となって長年積み上げてきた浮世絵データベース[6]は、現在、版画だけでなく肉筆画も含めて60万枚以上の作品が収録されている。しかし、あるテーマに限定して研究や展示をしようとした場合、必要な作品の50％程度しか収録されていないことにすぐに気付かせられる。おそらく浮世絵は、オンライン上で入手可能な歴史的文化資源の中ではトップクラスの対象となるはずであるが、それでもこの程度である。ましてや、IIIFによって、画像を容易に共有できる作品に限定すると、不本意な展示解説や研究しか実現できない。そのため、やはり紙媒体の図録や図書に掲載されている図版が必要となり、さらに言えば、直接収蔵機関に複写依頼をした上でデジタル画像提供を受けるか、自らデジタル撮影に出向く必要がある。こうしたデジタル化については、正確な電子テキストの蓄積と同様に、地道な蓄積作業になるが、一方でデジタル化技術や画像編集技術が必要となるため、デジタル人文学の学生が興味を持つ課目として成立する。さらには、こうしたデジタルデータの大規模な蓄積をどのように構造化して整理するか（ドキュメンテーション）という技術も必要となる。

　DHとDAの関係を考えるとき、このようなプリミティブなDH教育の場であっても、実際にデジタル化を行わなければ、まったく前に進まないというのが現状なのである。

8 「デジタルアーカイブ」の封印

　ところで、DAという言葉が使われるようになって、ほぼ30年になろうとしている。この間、DAは文化財を対象とするものと理解されてきた。これは、文化財を文化資源と言換えたとしても、その根底にある文化財のイメージは払拭できない。また、「DAによって、文化財は永久に保存できる」という初期の誤ったスローガンによる混乱が、未だに尾を引いているように思う。実際にはデジタル複製物としての役割には期限があることの説明が出来ていない点、永久保存するためには最高レベルの技術を使うべきだという主張が入りやすい点が混乱を招くのであり、そこに費用の問題が絡んでくる。いわば、嘘と恫喝の塊りのようなもので、とうてい一般には受入れ難く、これが足枷となって日本のDA暗黒時代が続いていたのである。

　それが影響しているのか、DXの動向ではDAという用語は使われない。デジタル化をDXの前提として置きつつ、デジタライゼーション（IT化）、DXと展開させるのである。しかし、肝心の「アーカイブ」は考慮されていないようである。

　本書を手にする読者諸氏の場合、"DA"とは、DX側で言うところの三段階すべてを含有する、すなわちDXとDAは、ほぼ同義であると考える方も多いのではなかろうか。一方で、技術開発系の研究者がDAを話題にする場合、デジタル化技術のみの意味で使っている場合もある。つまり、DAとデジタル化を混同しているのである。

　事実、彼らの技術によってデジタル化されたデジタルデータは、ほぼ保存されることなく、研究室の中で埋もれ消えていく傾向がある。あるいは、開発型データであるから標準化されたフォーマットではなく、再生できなくなる。つまり、"アーカイブ"されていかない。こうした研究的な営みももDAと呼ぶとすると、さらに混乱に拍車がかかることになる。DAの定義を下すことは容易いが、現実にはその定義を共通理解に持っていくのがたいへん難しい言葉となっているのである。

こうした曖昧で、暗黒の歴史を引きずるDAという用語を、変動・進化していくDHの文脈の中で語るのは危険であり、一旦これを封印する必要があるのではないだろうか。

9　DHにおける「デジタル化」の問題

　DH教育の場でツイートのテキストを教材にしたテーマについて上述した。材料は、いわゆるボーンデジタル・データである。また、歴史的な文化資源のデジタル化も博物館や図書館、文書館の事業として急速に進んでいる。しかし、歴史的な人類の営みのデジタル化がボーンデジタル時代の現在と完全に連続して、その連結が完成することはあり得ない。その理由は、デジタルファイルは、つねに陳腐化していき、どれだけ資金を投入しても、いつしか再デジタル化の日を迎えるからである。こうした単純な"問題"以外にも、DHが対象とする文化資源のデジタル化については、次の点について留意しておく必要がある。

①文化資源には、有形、無形の資源があるが、無形資源の場合、そもそも何をデジタル化するのかが曖昧である上、デジタル化技術が成熟していない。技術的には成熟しているかに見える有形資源のデジタル化であっても、デジタル化とは、その有形資源のある一要素をデジタル化しているに過ぎないのであって、新しい技術が生まれる度にデジタル化できる要素が一つ一つ増えていくが、それにはゴールはない。元々記号である言語や音楽の楽譜の場合、それをデジタル信号に置き換えると、永久保存が可能となるだろうが、それ以外のアナログな資源は、デジタルに置き換えることで欠落する情報が永久に存在してしまう。

　また、現実世界が全てメタバースなどのVR型世界で展開されるのなら、人類の営みはボーンデジタルになり得るだろうが、人類が生命体である以上、フィジカルな実世界は存在し続けるため、未来の「現在」にも、非ボーンデジタル情報が存在してしまう。つまり、永久にデジタル化を続ける必要がある

ということは、デジタル化は、DHの研究テーマとして存在し続けるわけである。

②DHとTHとの根本的な違いは、対象とする研究素材の量である。DHは「量」を必要としており、ビッグデータを扱うのがDHの第一の特徴となる。それにより、定量的な議論を展開することが可能となる。一般的にTH型研究者は、DHが対象とする資料や対象の量を示すと、テーマが絞れていないという指摘をすることが多いと思われる。しかし、そもそもTH型研究のテーマ設定とDH型研究が解明かそうとするテーマとは、視点が異なるため、TH型研究者が導く方向性は、DH型テーマの可能性を排除してしまう。現状では、TH側にDHを理解しようとする姿勢は薄いので、その助言を真摯に理解して置く必要がある一方で、あまり真っ正直にTHの助言に従う必要はない。

　しかし、そこで取り扱う量が不十分であると、TH側の蓄積を超えることができず、DH型研究の達成はない。その量には、対象とする資源ごとに「臨界点」と考えられるものがあり、それを迎えるまで着実にデジタル化を進めなければ、その分野のDH化は望めない。ある作家の研究をするのに、その作品すべてのテキストをデジタルテキストにしなければ、DH型作家研究はスタートできない。つまり、この場合は、全作品のデジタル化が臨界点である。しかし、関連する作家の作品をデジタル化するのは、必要条件ではない。もちろん、それらのデジタルテキストがあるに越したことはないのだが。

　先述の浮世絵のデジタル化であれば、30万件を超えた辺りでこの臨界点を迎え、研究利用に効果がでてきたと実感したことを申し添えておく。

10　DAにおける蓄積・編集機能の重要性

　さて、DXが示すプロセスでは、「アーカイブ」の視点が欠落していた。しかし、DHにおいては、研究素材がデジタル化された上で、それが十分な量に成長・維持されるために「アーカイブ」されていく必要がある。アーカイブ

の運用には、データベースシステムがそれを担うことになるが、DAの現場において、データベースそのものに注目する議論が少ないように思う。情報学者が言うところによると、「データベース」(以下、DB)は技術面では枯れた段階にあり、使えて当たり前だからということのようであるが、DBシステムを適切に運用するには、ユーザフレンドリーなデザインの開発とともに、ドキュメンテーションの知識の投入も必要である。しかし、このように説明したとしても、一般ユーザーにとっては、DBは検索・閲覧するためのものとの認識を超えるものではない。

　ところが、DBには、これに加えて蓄積・編集というDHの研究プロセスで最も重要な要素が含まれており、これに注目する視点が欠けているように思う。この蓄積・編集という営みは、DXでいうところの、デジタイゼーションとデジタライゼーションを繋げる重要な要素ある。DBを単に検索・閲覧のツールとして活用するのみでは、効果的なデジタライゼーションには結び付かない。研究資源や情報は、研究者自らが蓄積し、アジャイルに変更を加えていくことで、アーカイブそのものが活性化し、駆動し始めるからである。

　人文学にも領域横断型研究の有効性は浸透しつつあるが、学問の性質として個人研究が根底にあり、定性的である。協働型研究に参加するためにも、また、他領域との接点を持つためにも、より定量的な研究基盤を持つ方が有効である。定量的な研究基盤には、個人の研究活動から生み出される情報のアーカイブ、つまり、デジタル化とアーカイブが必要となる。そのためには、個人研究者が使える蓄積・編集システム(つまり、DB)が必要となる。

　さらに、蓄積・編集の効率化にはツールが必要であり、様々な発想・手法が次々と生まれる研究の現場には、アジャイル型のツール開発活動が組み込まれていることが望ましい。現状、研究の場にベンダー企業が加わり大規模なアジャイル型開発ができる体力(資金力)のある人文学の研究所は、国内ではあまり存在していないと思われるが、システム開発を内製的に行っている立命館大学ARCのDB群は、蓄積・編集機能を最も重視しており、いくつか

のツールをアジャイル型で開発してきた。蓄積・編集は、DBのデータ自体に直接アクセスする必要があるため、パスワードによってアクセス権が管理される。そのため、ARCのDB群を背後に持つ研究空間の現状はベールに包まれているように感じられるだろう。この研究環境の周知と誘導、広報が課題となってくるが、この点についての一層の努力も続けなければならないことは、十分に認識している。

11　DHとTHの融合空間——リサーチスペース

　DHは、2、3節で述べたようにDH研究者の努力で進んできたというよりも、便利な商用アプリや検索エンジン、クラウド、オンライン上の様々なシステムなど、人文学者が技術を意識しないで使えるデジタル環境の成立によって進展してきた歴史がある。人文学者が高度なデジタル技術を持つことがDHの進展であるとは、筆者は考えない。ソフトウェアやデジタル環境が十分に成熟し、それを人文学研究に応用して最大限の効果的な出すことを目指すべきで、人文学者が、自然とデジタル環境に馴染み、数年後に振返ってみると、DH化が随分と進んだなと感じられるような進化が望ましい。

　そうした時に、次に必要なのは6節で述べたような、領域別の研究プラットフォームである。人文学者を無理なくDHへと誘うためには、従来の人文学の研究活動の空間が過不足なくコピーされたオンライン上のデジタル研究空間をプラットフォームとして用意すべき段階にあると考えられる。リアル空間とバーチャル空間のパラレルな関係をデジタルツインと呼ぶようになったが、リアルな研究活動をバーチャル空間上で実施し、そこでシミュレーションを繰返して検証し、フィードバックしながらDHの研究活動を行うバーチャル空間の完成度を高めていく。こうした成長型プロセスがこのデジタルツイン上で展開される（図3）。

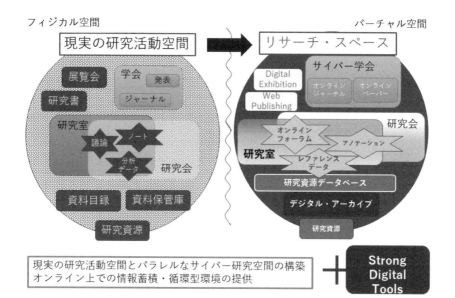

フィジカル空間　　　　　　　　　　　　　　　　バーチャル空間

現実の研究活動空間　➡　リサーチ・スペース

現実の研究活動空間とパラレルなサイバー研究空間の構築
オンライン上での情報蓄積・循環型環境の提供　＋　**Strong Digital Tools**

図3　研究活動のデジタルツイン

　このバーチャルな研究空間を、リサーチスペースと呼ぶこととしよう。リサーチスペースの構築を明確に提示している研究所はあまり見当たらない。たとえば、歴史民俗学博物館の「総合資料学の創成」[7]では、情報基盤システム「KHRIN」が提供されているが、これは、DBの統合検索システムであり、総合資料学のリサーチスペースは構想されていないように見うけられる。国文学研究資料館の「歴史的典籍NW事業」[8]でも、基本は画像付きデータベースが先行していて、その画像を使った情報学系の研究が主に進んでおり、人文学研究者をリサーチスペースに誘導する視点は、まだ存在していないようである。

12 「ARCリサーチスペース」

　立命館大学ARCは、2019年から文部科学省の国際共同利用共同研究拠点として認定された[9]。これを「日本文化資源デジタル・アーカイブ国際共同研究拠点」と命名し、

　　日本文化を研究対象とする人文学研究者らが積極的にデジタル・ヒューマニティーズ(DH)型の応用的人文学研究に踏み出せるよう、多様な日本文化研究プロジェクトのニーズに合せ、デジタル環境や設備を用意し、学術的レベルでの日本文化情報のデジタル・アーカイブを促進する研究拠点として貢献することを目指す。

という目標を掲げて活動している。最重要課題としているのが、DX時代におけるデジタル環境や設備であり、それがDHのためのプラットフォームであった。参加するプロジェクトのニーズに合わせたシステム開発を実施する中で、ARCリサーチスペースの構想が成長し、実装するに至ったのである。これは、個別のアプリではなく、デジタル化、アーカイブ、DB、ツール、成果発信システムからなる総合研究環境である(図4)。

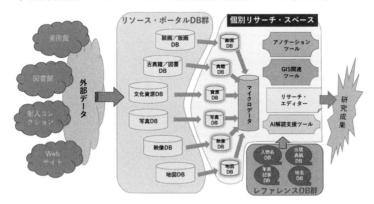

図4　ARCリサーチスペース

その特長は、

①資源の形態別に分かれたリソースDB群が用意されている。

　他の研究機関が提供しているような研究プロジェクト(つまり内容)別のDBではなく、リソースの形態単位で配分した構成であり、研究プロジェクトが共用して活用できる。

②研究成果蓄積型データベースであるレファレンスDB群が用意されている。

　研究活動の中で生み出される2次的情報の蓄積用DBで、人文学研究に共通する情報形態別に分かれている。たとえば、人物名DB、年表記事DBなどで、どの研究プロジェクトでも共用して活用できる。

③ポータルDB(親DB)とそれを分割してテーマDB(子DB)を作れる構造を持つ。

　それぞれのデータベースは、Web上の外部データも容易に取り込めるポータルDB(親DB)として設計されており、さらに領域を分割して、テーマ別の作品やデータのみを表示できる子DBを運用できる。したがって、たとえば、「古典籍ポータルDB」の下には、「黄表紙DB」や「春本DB」のようなテーマ別データベースを構築できる。と同時に、人文学研究者らが個別の研究プロジェクト用の"Myデータベース"を運用することができるのが最大の特長となる。

④DB横断型アノテーションツールを提供している。

　これらのDB群を横断的して使える、2種類のアノテーションツール「User Memo」と「Image Note」が組み込まれている。

　「User Memo」は、高速でリソースDBのコンテンツ1ファイル単位でアノテーションが付与できる付箋型ツールであるが、きわめて高速でキーワード等が書き込めるようにインターフェイスが調整されており、現在最も多く使われている機能である。「Image Note」は、リソースDBの画像ファイルに対して、部分切り出しをしながらアノテーションを付与できるもので、いわゆるマイクロコンテンツDBの高速な構築が可能となっている。

⑤DB群と直結する独自のクラウドシステムを提供している。

　既述の通り、現状ではすべての文化資源がデジタルコンテンツとしてオンライン上に上がっているわけではない。当然、研究者自身が保有する研究資源や、他の所蔵機関が所有する研究利用限定で使用許可された研究資源が存在する。これらには、一般公開できないものが多く含まれているだろう。こうした研究資源も、研究者はデジタル複製をするなどして、自身のストレージに保存している。これにセキュリティを掛け、オンライン上に置くことで、リサーチスペースはようやく機能することになる。ARCでは、それを容易に実現するクラウドシステムを提供している。

　こうした研究者、研究グループが独自に使えるARCリサーチスペースを用意することで、研究者の活動がデジタル資源として循環的に蓄積され、活用されていくことになる。これに、現在β版が運用されているナレッジエディター「Kinukake」を活用すると、論文等の知的生産活動そのものも、同じリサーチスペースの中で完結できる。

　こうして、アナログ資源までを含めて「デジタル化」して「アーカイブ」し、それを駆動させる自身の「DB群」を運用、それらのデジタル資源をマイクロコンテンツ化して新たなDBやレファレンスDBを蓄積、自身で構造化したデータを背後に持って、知的生産を繰返すというエコシステム型DH環境「ARCリサーチスペース」が生まれることになった。

　なお、立命館ARCは地理情報系のツールやDB群にすぐれた環境と機能を保有するが、本章では省略する。

13　おわりに

　以上、DAが、デジタル化、アーカイブ、DBという別段階の要素を持つこと、そして、この3要素を備えたDAが基盤となるデジタル研究環境が、DH研究の推進役となることを述べた。とりわけ、人文学研究に必要な「デ

ジタル化」を進展させる努力は続けなければいけないこと、アーカイブ機能としてのDBを、データ駆動させるための基盤として人文学研究者の傍に置くことも強調したつもりである。

　また、ARCリサーチスペースが、実用レベルに達しており、本格的にDHの研究空間としてのシミュレーションが可能となり、とくに歴史文化芸術分野での標準プラットフォームとして提案できる段階にあることを述べた。

　現在、DHと一言で言っても、多様なカテゴリを持つ人文学の特徴もあって、個別の試みが乱立している状態である。ところが俯瞰的に見ると人文学の研究手法は、分野を異にしても意外と共通する手法や資源を使っていることに気付かされる。異分野交流による新たな総合知創成が現在のトレンドであろうが、その前に人文学の構造や手法をDHの視点から整理してみる段階にあるのではないだろうか。その一つのシミュレーションツールとしても、リサーチスペースの構築が必要である。

　また、DHやDAは、とくにデジタルアーカイブ学会の活発な活動もあり、本シリーズも含めて、研究図書の蓄積も豊富になってきた。しかし、一方で理論と実践が乖離してしまう傾向が出てきているようにも感じている。実践的なDA能力を持たないアーキビストが、デジタル技術を必須とするアーカイブ構築の現場で右往左往している状況も実見している。デジタル化技術教育の面にも力を入れていくべきだろう。

　最後に、アクリル板の様に透明になりつつあるとはいうものの、いまだDHとTHの間には厚い壁がある。それがコロナの収束と同じく取払われていくのを願って、都々逸を一つ引用しておこう。

「京も田舎も開化の御世で　心ひらくが第一じゃ」(『おしへのつゑ』)
(https://www.dh-jac.net/db1/books/arcBK02-0180/portal/13/)

　注
1)　経済産業省「DXレポート ——ITシステム「2025年の崖」克服とDXの本格的な展

開」(https://www.meti.go.jp/shingikai/mono_info_service/digital_transformation/20180907_report.html)(最終アクセス：2022年10月27日。本章記載のURLの最終アクセス日は以下も同様)

2) 経済産業省「デジタルトランスフォーメーションの加速に向けた研究会の中間報告書『DXレポート2(中間取りまとめ)』を取りまとめました」(https://www.meti.go.jp/press/2020/12/20201228004/20201228004.html)

3) 経済産業省「第2回 コロナ禍を踏まえたデジタル・ガバナンス検討会」(https://www.meti.go.jp/shingikai/mono_info_service/covid-19_dgc/002.html)

4) 立命館大学産業社会学部教授 樋口耕一の開発するテキストマイニングのフリー・ソフトウェア(https://khcoder.net/)。

5) 「ジャパンサーチ」 日本が保有する多様なコンテンツのメタデータをまとめて検索・閲覧・活用できるプラットフォームで、国立国会図書館がシステムを開発・運用している(https://jpsearch.go.jp/)。

6) 「浮世絵ポータルデータベース」 世界中で所蔵されている浮世絵を中心として、絵画や一枚摺りの印刷物などの情報を収録する世界最大のデータベースで、立命館大学アート・リサーチセンターがシステムを開発・運用しており、筆者が運用担当者である。一般公開作品数は、現在約21万件であるが、全収録数は60万件を超える(https://www.dh-jac.net/db/nishikie/search_portal.php)。

7) 国立歴史民俗博物館が進める、「総合資料学の創成と日本歴史資料の共同利用基盤構築」事業。日本の歴史資料の活用による、人文学・自然科学・情報学の分野を超えた新たな日本史像の構築、学問領域の創成を目指している。「khirin」は、その情報基盤システムである(https://www.metaresource.jp/about-khirin/)。

8) 国文学研究資料館が平成26年度から取組む、日本語の歴史的典籍のデジタル化と公開と国際的な共同研究ネットワークの構築事業(https://www.nijl.ac.jp/pages/cijproject/)。

9) 国際的にも有用かつ質の高い研究資源等を最大限活用し、国際的な共同利用・共同研究を行う拠点。現在、全国で7拠点が認定を受け、人文学では、立命館アート・リサーチセンターが唯一認定されている(https://www.mext.go.jp/a_menu/kyoten/1404499.htm)。

第2章

デジタルアーカイブ社会実現に向けたレイヤー構造の必要性と人文学の役割

永崎研宣

1　はじめに

　「デジタルアーカイブが日常的に活用され、様々な創作活動を支える社会・学術・文化の基盤となる社会」としてのデジタルアーカイブ社会の実現が提唱されるようになり、デジタルアーカイブ（以下、DA）はいよいよ本格的に社会の基盤の一部として確立されようとしている。たとえば、水道が引かれて水が簡便に使えるようになり、電線が引かれて電気を使えるようになったからといって、水や電気の使い方にまつわるあらゆることがいちいちすべて開示され、すべての人々がそれらを活用する必要がないのと同様に、社会基盤の使い方は人それぞれである。一方で、水は飲んだり洗浄に用いたりすることができるが、電気はコンセントが用意されただけで何かができるわけではない。パソコンやエアコン、冷蔵庫など、何かを介することで我々の活動を支援し、選択肢を増やしてくれる。水も、ただ水をそのまま使用するだけでなく、沸かして風呂にしたりさらに温泉の素を入れてみたり、あるいは、料理に用いたりするなどすれば、水道という基盤に依拠しつつ様々なことが実現できるようになる。社会の基盤となるものは、さまざまな人に自由に利用されることで新たな価値を生み出していくものであり、発展的な利用の仕方のノウハウやツールもまたさまざまな人に開発され共有され、それ

らを通じてさらに新たな価値を生じていく。なかにはビジネスとして展開され多くの雇用を生み出していくこともある。DAもまた、そのような存在としての社会基盤の一つになろうとしているのだとすれば、やはり同様の事態がもたらされることになるだろう。しかし、電気と水のインフラとしての展開がそれぞれの特性に応じて異なるように、DAもまた、その特性に応じて展開していくことになるだろう。

　なお、人文学という立場においてはこのような基盤自体やそのあり方から是非に至るまでの様々な事象が、やはり様々な観点から議論の対象となり得る。デジタル・ヒューマニティーズ(以下、DH)においても、日本ではまだあまり見られないものの、海外ではデジタル社会そのものへのラディカルな批判に取り組む流れも出てきている[1]。しかしながら、本章では、敢えて議論の範囲を限定し、社会基盤としてのDAの構築を議論の前提とし、それ自体についての議論は別の機会とする。そして、そこにおいてDHを含む人文学が果たし得る役割について、DAを成立させているレイヤー構造を手がかりとして検討する。

2　レイヤー構造の考え方

　ここでレイヤー構造を採りあげるのは、主に二つの理由がある。一つは、インターネットの仕組みがしばしばレイヤー構造として説明され、DAは主にインターネット上で展開されるものであることから、インターネットのレイヤー構造の上にさらにDAのレイヤーを重ねるというイメージは比較的捉えやすいものであると考えたからである。しかしながら、情報工学・インターネット技術に詳しい読者ばかりでない本書においてインターネットのレイヤー構造を引き合いに出すことは適切なのかどうか、という疑問が生じるかもしれない。それこそがまさに、これを採りあげるもう一つの理由である。というのは、本稿を執筆している2022年度から、高等学校情報科「情報Ⅰ」が必履修化され、その内容の一つとして採りあげられているからである。文

部科学省が配布している「高等学校情報科「情報Ⅰ」教員研修用教材　第四章情報通信ネットワークとデータの活用」[2]には、以下のような説明が図とともに登場する（図1）。

（2）有線 LAN と無線 LAN の違い

TCP/IP の4階層モデルについて説明する。インターネットの通信において，通信する際の規定を定めたものを通信プロトコル（略してプロトコルということもある）という。このプロトコルがあることで，相互に通信を行うことが可能になっている。TCP,IPv4,IPv6,DHCP,HTTP,SMTP,POP など様々なプロトコルがインターネットの通信で用いられるが，これらは，4層のレイヤに分けて考えることができる。インターネットでアプリケーション同士が通信する際，上位のアプリケーション層から下位の層に移動することで，通信手順が付加され，ネットワークインタフェース層で物理的な通信を行っていく。

| アプリケーション層 |
| トランスポート層 |
| インターネット層 |
| ネットワークインタフェース層 |

図表4　4層のレイヤ

図1　「情報Ⅰ」教員研修用教材の一部

　すなわち、数年後には、インターネットのレイヤー構造は、高校を卒業したなら誰もが知っているべき知識になっている。筆者も含め、この情報Ⅰを履修していない者がそのような知識体系を学んだ若者達とどのように協働していくべきなのかは今後の検討課題だが、本件に限らず基礎的な情報処理・情報ネットワークについての知識に基づいて思考することが当然となる世代によって、DAの世界は大きくアップデートされざるを得ないだろう。

　このようなことから、本章では、この基礎的な情報ネットワークの知識を踏まえてDAのあり方としてのレイヤー構造の検討を試みる。

　なお、図1に示した資料では説明がやや簡素すぎるため、もう少し説明を加えておくと、TCP/IPの4階層モデルと呼ばれているインターネットのレイヤー構造には、（1）イーサネットや無線LAN等のハードウェアが通信を成立させる層としてのネットワークインターフェイス層、（2）複数のネットワーク間でデータ伝送を実現するための層としてのインターネット層（ここにはインターネット・プロトコル（IP）が当てはまる）、（3）信頼性のあるデータ通信を実現するための通信制御やプログラム間の通信を行うトランスポート層（ここにはTCPやUDPがあてはまる）、そして、（4）Webやメールな

どのアプリケーション同士でやりとりを行うアプリケーション層がある。た
とえば、Web頁を見ようとすると、アプリケーション層に属するWebブラ
ウザが閲覧したいWeb頁のデータを取得しに行こうとするが、そうすると、
データをパケット毎に分割し、さらに伝送ロスがあった際には再送の要求も
してくれるTCP(＝トランスポート層)に依頼する。TCPは、相手先のWebサ
イトのアドレスを見つけてデータを伝送しようとしてくれるIP(＝インター
ネット層)に依頼する。そしてIPは、実際にデータを伝送してもらうために、
イーサネットや無線LAN等のネットワークインターフェイスに依頼するの
である。データの送信側がそのようにすると、データの受信側でも同様に
してWeb通信が行われることになる。そして、メールやオンライン会議等、
インターネットを利用する様々なサービスの場合にも、Webと同様に、この
アプリケーション層において通信を行い、その際に、トランスポート層に
データを委ねることになる。これをトランスポート層の側からみると、アプ
リケーション層にどの通信手段が来ようとも、同様にデータの受け渡しを行
うことになるのである。つまり、このレイヤー構造においては、上の階層と
下の階層がそれぞれ独立しつつ相互に連携することで一つの通信を成立さ
せているのである。

　DAの多くがインターネットを利用することにより依拠しているこのレイ
ヤー構造は、DAの利用という局面では、アプリケーション層のさらに上に
いくつかのレイヤーが重なることになると考えることができる。それによっ
てDAに関する議論がより効果的に整理され、有機的な成果へと結びつくこ
とがより容易になるかもしれない。そこで、本稿では、インターネットの階
層モデルの上位層となるDAのレイヤー構造について検討してみたい。

3　DAにおけるレイヤー構造

　ここでは、DAをレイヤー構造として捉えようとする場合の全体像を提示
した上で、それを構成する各レイヤーについて説明する。

3-1　DAにおけるレイヤーの全体像

　DAは、インターネットの4階層モデルにおいてはアプリケーション層に位置するものである。しかし、DAの成り立ちや運用を考慮すると、その上にいくつかのレイヤーを見いだすことができるだろう。DAの基層となるのはデジタルコンテンツであり、これが一つ目のレイヤー（DA-L1）になる。デジタルコンテンツはそのままでは単なるバイナリー（2値化）データであったり、あるいはテキストデータだとしてもそれだけでは活用が難しいため、メタデータや内容を説明したり注釈したりするためのデータが必要になる。これらをまとめてアノテーションと位置づけ、二つ目のレイヤー（DA-L2）とする。そして、アノテーション（DA-L2）を介してデジタルコンテンツ（DA-L1）の閲覧や検索・分析等ができるような仕組みとしてのインターフェイスが必要であり、これをインターフェイスレイヤー（DA-L3）とする。最上位のレイヤーとしては、技術的な事柄とは必ずしも関連するとは限らず、むしろ技術的でない事柄が重要であることも多いはずだが、多様な関心を持つDAユーザに向けて伝えるための様々な手立てをコミュニケーション・レイヤー（DA-L4）として立てておきたい。

　また、DAを構成する要素としては、法や規範、技術的な規格なども必須である。それらはいずれも、いずれのレイヤーにおいても常に参照されるべきものであることから、各レイヤー構造の外に置かれる参照要素とする。

　以上を図式化したものが図2である。これを踏まえて以下に各レイヤーについて検討していきたい。

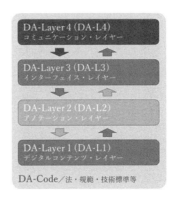

図2　デジタルアーカイブを構成するレイヤー

3-2　デジタルコンテンツのレイヤー（DA-L1）

　DAにおいて基礎となるのはデジタルコンテンツである。これには、物理的な資料としての書籍をはじめとする様々な物品をデジタル化したものと、最初からデジタルデータとして作成されたものとがある。前者に関しては、デジタル化の手法や粒度に応じて様々な種類のコンテンツがあり得る。たとえば古典籍や古文書をデジタル化する場合には、平面のデジタル撮影画像とすることもあれば、テキストデータとすべく文字起こしをすることもある。DA登場の文脈に鑑みるなら前者が中心になりそうではあるものの、アナログな資料を符号化し離散的な情報として保持したデータ、つまり、二値化された情報という観点ではその二者の間に差異を見いだすことは難しく、DAの対象としては同列に扱うべきだろう。しかし一方で、データとしての扱いやすさやアナログの再現性という観点では大きく異なることも確かである。そこで、デジタルコンテンツとしてのテキストデータ、デジタル画像、3Dや動画、についてそれぞれ検討してみよう。なお、デジタルコンテンツに付与される基本的なメタデータまではこのレイヤーに含めるとする。

3-2-1　DA-L1におけるテキストデータ

　テキストデータに関しては、元の資料において文字が書かれていると判断されたものを、任意の文字コード（近年はUnicodeがよく用いられる）に基づいて可能な限り文字をそのままに記録したものがこれに該当する。操作がしやすく処理にかかる負担もそれほど大きくないため、情報技術が現在ほど発達していなかった時期にはテキストデータがほとんど唯一の選択肢であり、テキストデータベース、テキストアーカイブなどと呼ばれ、世界各地で作成・公開されてきた。しかしながら、「文字をそのままに記録」することには様々な課題がある。これは、デジタルでなくともアナログの時代から存在した問題であり、デジタル媒体に移行したことで顕在化したと言えるだろう。デジタル化の本質的な問題とも関わるため、ここで少し検討しておきたい[3)]。

　手書きの文字は、どんな形であれ、記述することが可能であり、それにど

のような内実を見いだすかは受け手の側に委ねられる。書き手と同じ文字体系を学習した読み手であればほぼ正確な伝達が可能であるはずだが、手書き文字の形状の多様性は必ずしもそれを保証せず、受け手次第で理解のされ方が変わってしまう場合もある。一方、コンピュータにおけるテキストデータとしての文字は、文字コードという表のなかで定義された文字を使うことになる。そして、処理速度を向上させつつ互換性を確保するために、文字コード表は書き手と受け手が共通のものを使用することが強く期待される。たとえば、65番はアルファベットのA、66番はアルファベットのB、といった案配である。しかしながら、書き手と受け手が不特定多数であり、その人々が各自のコンピュータを用いてテキストを閲覧・利用する可能性がある場合には、不特定多数が共通の文字コード表を利用することを志向することになる。結果として、一定の信頼性が認められる組織が定めた文字コード表を何らかのコミュニティが共有するという形になる。たとえば、米国であれば、1963年にASA（American Standards Association, 現在は American National Standards Institute）という国家の規格を定める団体により制定された ASCII（American Standard Code for Information Interchange）という文字コード表を用い始めた。すなわち、米国の規格制定団体という、一定の信頼性が認められる組織が決めたことを米国内で利用し始めたのである。あるいは、日本であれば、1978年にJIS（日本工業規格、現在は日本産業規格）によって JIS漢字コードが制定されたことで、日本で用いられる漢字の番号が共通化され、日本国内では安定して漢字をコンピュータ上で利用できるようになった。それぞれの政府等の関連機関によって管理された文字コード表は、それぞれの範囲においては安定的な運用が可能となったのである。

　一方、各国で文字コード表が別々に策定されることは、同じ文字番号が国によって異なる文字として扱われる可能性を生じさせることでもあり、実際のところ、文字の表示がおかしくなり、結果として、文字コードが異なるとプログラムもうまく動作しないという問題を抱えていた。インターネットが普及し始めたことによりこの問題は一気に顕在化した。すなわち、それま

では設置された地域で用いられている言語を表示できれば十分だったコンピュータが、インターネットに接続されたことで、世界中の文字をうまく表示するという使命を課せられたのである。政府や言語・文字体系を共有する地域のコミュニティによる文字コード表の共有は、かくして、グローバルなコミュニティに依拠することになる。そこで中心となっていくのがUnicode[4])である。

Unicodeは、国際標準化機構(ISO)等が定めるISO/IEC 10646[5])という規格に準拠する形で定められており、文字コード表そのものは国際標準化機構が策定している。つまり、165カ国(2021年12月時点)が加盟する標準規格策定組織が制定したものが世界中のコンピュータや情報機器を利用する人々の間で共有される形になっているのである。これが普及したことにより、デジタルコンテンツ層(DA-L1)におけるテキストデータは国際的に広く利活用可能なものとしてDAのレイヤーの一つとなったと言える。すなわち、テキストデータは、一つ上位のアノテーション層(DA-L2)からアノテーションを付与される基盤となるのである。

なお、Unicodeが導入されたことですべての問題が解決したのかと言えばそうではなく、むしろ、グローバル化されたことにより、文字をコード化することやそもそも文字を共有するということ自体に内在する課題もまたグローバルな議論の対象となった。文字のバリエーションが多すぎて文字コードでの表現が困難なのは漢字文化圏だけではなく欧州中世文献でも課題を抱えていることや[6)]、組み合わせ文字はハングルのように組み合わせパターンをすべてコード化すべきなのか、あるいはインド系文字のように組み合わされる前の音素などをコード化して表示時点で組み合わせるべきかどうか、等々、さまざまな課題が広く議論されるようになっている。学術的観点からの文字の扱いについても発展途上ではあるものの、Unicodeに関連するコミュニティではこれに近年大きく力を入れており、研究者の側で継続的に関わることが可能であれば要望を通すことはそれほど難しいことではなくなっている[7)]。

これをDA-L1のレイヤーとして位置づける場合、上位層にあたるアノテーション層（DA-L2）から参照され利用されるものである。技術的にはXMLやJSON等の何らかの広く普及しているフォーマットを用いて、人文学テキスト資料のためのXMLに準拠した記述手法を提示するTEI（Text Encoding Initiative）ガイドライン[8]やWeb画像相互運用の国際的な枠組みであるIIIF（International Image Interoperability Framework）[9]をはじめ、なんらかの規格や手法に基づいてアノテーションが付与されることになる。テキストデータの場合、どこまでがデジタルコンテンツでどこからがアノテーションかの区別は必ずしも明確ではなく、アノテーションも含めてデジタルコンテンツであるという位置づけがなされることもあり得る。むしろ、テキストデータのうちで、アノテーションではなくその対象として位置づけられる部分、として捉えるとよいかもしれない。

3-2-2　DA-L1におけるデジタル化資料画像

　DAといえば、デジタル撮影された書籍やその他様々な収蔵品の資料のデジタル化画像を公開するWebサイトの一般名称として用いられることが多い。デジタル化資料画像はデジタルコンテンツ層における主要な要素の一つである。デジタル化にはスキャナーで読み取る場合やデジタルカメラで撮影される場合などがあるが、いずれにしても、対象物をセンサーで読み取りそのデータを二値化することになり、そのバイナリー（二値）データがDA-L1レイヤーとして位置づけられる。文字化という人為的なプロセスが介在するテキストデータに比べると、データ作成時には機械に依存する部分が大きく、一方で、データを解釈する際にはテキストデータほどの一意性はなく、データの解像度に応じて多様な解釈に向けた素材を提供することになる。文字資料であれば本文さえ読み取れればよいのか、あるいは返点をはじめとする訓点まで子細に読む必要があるのか、等々、ここには大きな幅がある。そして、それゆえに、アノテーションがなくては共通理解を持つことは容易ではなく、バイナリーデータに対して説明のテキストを付与する形でのアノテーション

は、様々な場面で有効になる。

　デジタルコンテンツのフォーマットには、画像以外にも、音声、動画、3D等、様々なタイプのデータがあり得る。技術の進展次第ではさらに様々なものがDAで用いられることになるだろう。個々のフォーマットにはそれぞれ様々な議論や留意事項があり、広く用いられているものの多くは国際標準規格として制定されているが、本稿の目指すところはこれをレイヤーの一部として取り扱うことであり、深くは立ち入らない。多くの場合に、アノテーションを付与することでコンテンツへの理解を深め、共有することができる。

3-3　アノテーションのレイヤー(DA-L2)

　デジタルコンテンツに対して様々な付帯情報を付与するのがアノテーション(注釈)のレイヤーである。かつては、デジタル化に多大なコストを要したこともあり、資料それ自体が誰から見ても価値を持つような一部の優品のみがDAの収録対象となっていたこともあったが、デジタル技術のコモディティ化が進展した現在、DAにおいては、ごく一部を除き、デジタルコンテンツそのものが価値を持つことは必ずしも多くない。むしろ、そこにあるコンテンツがどういうものであるかが説明されることで価値を持つことになる。コンテンツ単独で価値の高いものの場合には、ただそのコンテンツについての説明が用意されれば十分だが、多くのDAでは、むしろコンテンツ群がなんらかのまとまりを持っている場合や、コンテンツに含まれる何らかの共通の要素で横断的に集約されることによって価値を持つことがある。特定の人物や地域に関連するもの、同じような形や色彩を持つもの、似たような語彙を含むものなど、様々な観点があり得る。そのようにしてコンテンツのまとまりや共通要素を見いだせるような説明が付けられることがコンテンツの有用性を引き出すために極めて重要なものとなる。

　アノテーションは人がつけるものもあればコンピュータが自動的に付与するものもある。近年は人名や地名をディープラーニング技術でテキストから

自動的に取り出すソフトウェアが普及しており、正確性には一定の疑問符がつく場合もあるにせよ、OCR（光学文字読み取り）と組み合わせることで、画像ファイルから人名や地名を取り出すことも相当程度可能になってきている。正確性が足りない部分のみを人手で補うことができれば、より効率的により妥当なアノテーションを付与することができるだろう。

　アノテーションという概念は相対的なものであり、アノテーションとデジタルコンテンツをまとめたものに対してさらにアノテーションを付与したり、アノテーションそのものに対してアノテーションを付与するといったこともあり得る。そのため、このレイヤーもまた、あくまでも状況を理解し共有するための主観的なものであり、あくまでも説明概念のようなものとして理解していただきたい。

　デジタルコンテンツにアノテーションを付与する技術は様々に存在する。Webコンテンツに対するアノテーションとしては、近年はIIIF対応のDAが普及したことに伴い、画像や音声、動画等のIIIF対応コンテンツを対象としたアノテーションが広く利用されるようになっている。すでに多くのDAがこの種のアノテーションを実装して高い利便性を提供しているが、その仕組みをデータ提供者やDA構築者など、誰もが提供できるようにした人文学オープンデータ共同利用センター（CODH）によるIIIF Curation Platform[10]は日本発でありながら国際的にも先進的な事例である。各地のWebサイトにおけるIIIF対応のWebコンテンツに対して自由にアノテーションを付与できるため、日本のコンテンツでこれを利用しているものは少なくない。レイヤーとして捉える場合にも、DA-L1レイヤーに対し、それがIIIFに対応してさえいれば、自由度の高い形でDA-L2レイヤーと連携できることになる。

　また、テキストデータに対するアノテーションにも様々なものがある。なかでも前出のTEIガイドラインは、人文学向けに策定されたルールとして国際的に広く用いられており、テキストデータへのアノテーションに際して必要とされるようなことは概ね網羅している。人名・地名等の固有名詞にはじまり、書簡の送受信情報や草稿の執筆・修正履歴など、テキストを相手に研

究を行おうとする場合に必要なものがXMLのタグとして利用できるように
なっており、これを容易に利用するための環境も国際的なコミュニティに
より着実に構築・提供され、アップデートが続けられている。上述のIIIFとの
連携も各地で取り組まれており、画像・テキスト双方へのアノテーションも
実現されている[11]。

　地図、あるいは座標情報に対するアノテーションも考えられるだろう。こ
れにも様々なフォーマットがある。他にも、コンテンツに応じてアノテー
ションのフォーマットが様々に容易されている。3Dへのアノテーションも
近年は注目されつつあるが[12]、これはまだ規格としては十分に固まってい
ないため、今後の動向に注目する必要がある。

　ここで対象としているのはあくまでもレイヤーとしてのアノテーションで
あり、何らかのフォーマットに限定されるものではない。いずれのフォー
マットであっても、下位レイヤーであるデジタルコンテンツに付与されるも
のであり、そして、上位レイヤーであるインターフェイスのレイヤー(DA-
L3)へとこのアノテーションを渡して利用者に供されることになる。

3-4　インターフェイスのレイヤー(DA-L3)

　DAに対して利用者がアクセスするためにはインターフェイスが必要であ
る。アノテーションを介してデジタルコンテンツにアクセスしたり、そう
いったものがない場合にはデジタルコンテンツに直接アクセスして自ら解釈
することになる。そして、デジタルコンテンツとアノテーションで構成され
るデータを利用者の個々の操作とつなげる役割を果たす。そのつながり方に
は様々なものがある。たとえば以下のようなものが考えられる。

1. 表示／閲覧
2. 検索
3. 分析・視覚化
4. 文脈化・キュレーション

まずはこれらを一つずつみていこう。表示／閲覧は、コンテンツとアノ
テーション、あるいはコンテンツのみをどのようにして閲覧しやすい形で提
供するか、ということになる。コンピュータやスマートフォンでの利用を想
定するのであれば、それぞれに一定の制約を前提として見やすい形を検討す
ることになる。技術的なことは極めて重要だが、一方で、何を見やすくすべ
きか、ということも議論の対象となる。IIIFであればいくつかのViewerの中
から選択できるが、既存のもので目的を十分に達成できるのかどうか、と
いったことも検討の必要があるかもしれない。結果として、新たなViewer
が開発提供されることもあれば、既存のViewerが改良されて利用に供され
ることもある。IIIF対応コンテンツに限らず、あらゆるコンテンツにおいて
この点は様々な立場からの検討が必要である。
　検索についても様々な観点があり得る。自らの組織で所有・公開するコン
テンツの検索だけでも、表記揺れへの対応や検索を通じたコンテンツの探索
を容易かつ効果的にする仕組みなど、検討事項は様々だが、さらに、余所の
コンテンツとの横断検索も検討の余地がある。日本では現在ジャパンサーチ
がこの点について精力的に活動しているが、そこに提供したコンテンツの情
報(メタデータ)がどのように検索されればよいのか、あちらで検索してこち
らにたどり着いたときに導線をどう設計するか、といったことは、検討する
意義が大いにある。さらに、多様なアノテーションも検索対象とできるなら、
その可能性は大幅に広がることだろう。
　分析・視覚化は、表示／閲覧の一部であると言えるが、コンテンツ群への
俯瞰的な把握やより深い理解を志向する取組みである。具体的には、コンテ
ンツを地図上にマッピングしたり、コンテンツを数量化してグラフで表示す
るもの等が典型的である。テキストデータや深いテキストアノテーションが
用意されているものであれば、様々なコンテンツの特徴や傾向を分析して視
覚化することが可能だが、そうしたものがなくても、メタデータを対象とし
てコンテンツ群全体の傾向を把握できるようにするといったことも十分に有
用である。近年は、画像分析技術の高度化が進み、画像を対象とした分析と

視覚化も徐々に行われるようになってきている。

　文脈化・キュレーションは、何らかの文脈に沿ってコンテンツ同士のつながりを提示するものである。このつながりは、説明の文章であったり、グラフであったり、Webのリンクや1画面中のデザイン、動画によるものなど、様々な形で提示され得るものである。自らのコンテンツを対象として行うことにも十分な意義があるが、IIIF対応コンテンツであれば、世界中のサイトのコンテンツを対象とした文脈化が可能になる。コンテンツがただ提示されている状態では、そのコンテンツに詳しい人でなければ意義を見いだすことはなかなか容易なことではないが、複数のコンテンツにつながりがあり、そのつながりのなかで意義を理解できるようにすると、理解度は深まり、利用者の関心も高まることだろう。このようなことは、DAでなくても図書館や博物館・美術館等でこれまで様々に行われてきたことであり、そういった営みと対比することでその可能性と制約が見えてくることもあるだろう。

　インターフェイスのレイヤーでは、技術的には前出のIIIFが重要な役割を担いつつある。IIIFはデータフォーマットを規定しているものの、保存や共有を目的としたものではなく、相互運用を主眼とするものであり、むしろこのレイヤーに親和性が高い。Web annotationという国際標準規格に準拠してWebのマルチメディアコンテンツを相互に自由に利活用できる規格を目指しているだけでなく、それらを用いたインターフェイスの開発も活発である。上述のIIIF Curation PlatformはIIIFに特化された代表的な例だが、特定のコンテンツにより特化してIIIFの利活用を実現したものや、逆に、Drupal[13]やOmeka[14]等のWebコンテンツマネジメントシステムにIIIFを導入して、既存の優れたインターフェイスの有用性をより高めようとする例もある。いずれにおいても、IIIFが、より広い文脈化を実現するための鍵として大きな期待を背負っていることがうかがえる。

　このインターフェイスのレイヤーは、下位のレイヤーの仕組みがなんであれ、何らかの形でコンテンツ（DA-L1）やアノテーション（DA-L2）を受け取ってインターフェイスとして提示する役割を担っている。そして、これを社会

につなげるのが、さらに上位のレイヤーであるコミュニケーションのレイヤー（DA-L4）である。

3-5　コミュニケーションのレイヤー（DA-L4）

コミュニケーションのレイヤーは、DAのあらゆる側面を関係者や利用者、そして広く社会に対して伝える（これはアウトリーチと呼ばれる活動を含む）とともに、そこからのフィードバックを受け、場合によってはそれに基づいて改善をも行う活動全般を指す。DAに限らず多くの取組みには本来そのような活動が必要であり、DAの固有性を考慮せずともこのレイヤーは十分に成立する。しかし一方で、どのような取組みにも固有の側面があり、それに応じてコミュニケーションの必要性や在り方は少しずつ異なるものになる。そのような観点から、DAにおけるコミュケーションのレイヤーについて検討してみよう。

コミュニケーションのレイヤーにおいてDAの社会へのアピールを実施する手段としては、Webサイトの作成やSNSでの宣伝、マスメディアを利用した告知などがあるだろう。既存の組織によって構築・運用されるDAの場合には、マスメディアの利用を含め、すでに蓄積されたノウハウがあることも多く、それに従えば相当程度のアピールが可能な場合もあるだろう。そのようなノウハウを持たない任意団体や個人によるDAの場合にはWebやSNSの活用が有効だろう。また、近年ではメタバースなどの仮想空間を活用する道も拓かれてきている。インターネット上には、効果的なアピールを可能とする新たな環境が着々と提供されており、活用の仕方次第でより有効なアピールが可能となるだろう。

また、有名なコンテンツであればそれを丁寧に紹介するだけでも有用なアピールになり得るが、DAのコンテンツの中には、知名度が高くなく、コンテンツ単体、あるいはそこのコレクションだけでは価値がわかりにくいものが多い。そのような場合には、単にコンテンツを公開するだけでなく、それを説明する文脈を含めたアピールが有用であり、自らのコンテンツだけでな

く関連する他のコンテンツも含めた横断的な大きな文脈を示すことも選択肢
となり得る。

　コンテンツに応じたターゲットを意識することも重要である。古典籍や古
文書の画像を公開しただけでは読める人が多くないため、広く読んでもらい
たいのであれば翻刻や解説が必要なこともあるだろう。そういった付加的
なコンテンツやその見せ方については下位レイヤーで提供されるものだが、
DA-L4ではそのようにして用意されたものを効果的に提示することを目指
すことになる。あるいは、そういったものが用意されていない場合には目的
に応じて下位レイヤーで作成することを検討すべきだろう。

　DAの場合には、そのコンテンツの利活用を活発に行ってくれるユーザへ
の告知を手厚く行うことが効果的な場合もある。特に古文書や古典籍、古写
真等であればそれを扱っている学会・研究会等の研究者コミュニティへの丁
寧な連絡は有効だろう。また、下位レイヤーにおける丁寧なメタデータの記
述や、TEIやIIIF等の標準的なフォーマットに対応したデータ公開などがあ
れば、それを強調するような告知も重要である。

　このレイヤーにおけるDAにとって重要な課題としては、その意義や必要
性についての適切な社会的合意を得るという点がある。本書の読者であれば、
DA自身の潜在的可能性について疑いを差し挟むことはないかもしれないが、
広く社会全体の合意形成という観点でみた場合、DAの意義は前提として語
れるものではなく、むしろそれ自体を説明しなければならない段階である。

　たとえば書籍の場合、出版社を通じて刊行すれば専門家や一般の人々にま
で届く流通経路とそれに見合う人手と費用が確保されており、さらに、保存
と長期的利用に関しても、最終的には国立国会図書館に納本することで制度
的に保障される形になっている。書籍の作成、すなわち、執筆・組版・印刷
製本は、それぞれが生業として成立し得る分業可能なものとして遂行されて
いる上に、それらのいずれもが、保存と長期的利用について何かを自ら能動
的に負担しなくとも、公的資金によって国立国会図書館がそれを実施してく
れるのである。これに比べると、DAは、構築・運用から保存や長期的利用

に至るまで、業務と費用に関する社会的コンセンサスがまだ十分ではなく、システムとしても制度的に用意されているものは決して多くはない。したがって、構築・運用・保存・長期的利用等に関する制度作りと社会的合意を今後形成していく必要がある。そして、それが実現するまでは、作成や運営に関わる者が自ら取り組まざるを得ない。すなわち、運営のための費用を継続的に投入すべき価値があることをアピールし、出資者を納得させ続けなければならない。それを達成するための様々な活動もまた、このレイヤーに位置づけられる。

　そして、そのようにして告知したものに対しては様々なフィードバックがあるだろう。そのなかには自らの組織や事業、あるいは担当者個人で対応できるようなものもあれば、専門家に依頼しなければならないもの、専門家コミュニティに参画しなければ対応できないものなど、様々なものがあるだろう。このレイヤーで受けたフィードバックは、下位のレイヤーのいずれかにおいて対応することになる。

　いずれの場合にも、下位レイヤーにおいて用意されたものを十全に告知すること、そして、それに対するフィードバックを受けることがこのDA-L4の役割であり、これを通じてDAの意義や必要性についての社会的合意を形成するとともにDAをよりよいものにしていくことが期待される。

3-5-1　DA-Code／法・規範・技術標準等
　法律や規範、技術標準等は、4つのレイヤーのそれぞれにおいて、それらの在り方を規定する形で深く関わってくる。敢えて述べるまでもないかもしれないが、コンテンツ（DA-L1）、アノテーション（DA-L2）、インターフェイス（DA-L3）、コミュニケーション（DA-L4）のいずれにおいても法律としての著作権や規範としての利用条件はそれぞれに作成から公開・頒布に至るあらゆる局面でその活動を規定する。ここでは、各レイヤーに関わりを持つ法律や規範、技術標準等を総称する枠組みとして、DA-Codeを提起する。
　たとえば、著作権法改正により2019年から可能となった「非享受利用」と

「軽微利用」により、DA-L1において、著作権保護期間中のコンテンツに関して内容を享受しないデジタルコンテンツの作成が可能となり、DA-L2においてはコンピュータを用いた様々なアノテーションを自動生成できることとなり、DA-L3においては軽微利用の概念を踏まえた提示ができることになった。これがDA-L4に様々な新たなものをもたらすであろうことは言うまでもないだろう。

　あるいは、技術標準についても、上で触れたUnicodeやTEIガイドライン、IIIFに限らず、様々な技術標準がそれぞれのレイヤーでできることを拡張すると同時に制約もすることになる。たとえば、Unicodeに使いたい文字、あるいは文字体系が用意されていなければ、DA-L1の時点から大きな制約を受けることになるが、逆に、すでに用意されていたなら、相当にマニアックな文字、あるいは文字体系であってもコンテンツの作成が可能となる。同様に、DA-L2においては、アノテーションでのそれらの文字・文字体系の利用可能性や、アノテーション自体をそれらで記述できるかどうかが問題となり、DA-L3のインターフェイスではそれらを他の言語・文字体系とあまり変わらないレベルで処理できるのか、あるいは特別な処理が必要になるのか、ということが問題になる。DA-L4はそうした状況を受けた活動をすることになる。特にUnicodeについて留意すべき点は、そこで文字が提供されていなければWeb検索しても実質的には見つからないということになり、知識流通基盤としてのDAの遡上に載ることすら難しい。技術標準は多かれ少なかれ各レイヤーにおいて可能なことを規定してしまうことになる。

　このように、DA-Codeは、すべてのレイヤーにおいてDAを形作る基盤となるものである。本書を読むような方々には自明のことだが、DAをよりよいものとしていくためにはDA-Codeへの関わりは不可欠である。法制度だけでなく、技術標準に関しても対応が必要な場合があり、それを調査検討し、必要に応じて新設や改訂などを提案できる仕組みを作っていくことが日本のDAの発展において今後は重要になっていくだろう。

4　DAのレイヤー構造におけるDH

4-1　DHの概要

4-1-1　DHのこれまでの流れ

　DHは、人文学においてデジタル技術を応用することに関する研究領域を指すものであり、一般に、1940年代にロベルト・ブサ神父が始めたトマス・アクィナスの電子索引が嚆矢とされる。この動向は、デジタル技術の発展とともに形と呼称を変えていき、2004年に刊行されたDHの総合的な入門書A Companion to Digital Humanities[15]において用いられた「Digital Humanities」という名称が国際的な学会連合やその学術大会の名称にも用いられるようになり、国際的に広く推進されるようになる[16]。

　この時期のデジタル研究活動のための環境整備という観点で興味深いのは、1883年に設立され会員数2万人を超える米国の文学・語学の学会であるMLA（Modern Language Association）が2000年にはデジタル研究活動を評価するためのガイドライン[17]を制定している。上述の入門書の3名の編集者も文学研究者であり、米国では文学研究が中心となってDigital Humanitiesの動向が支えられていくことになる。

　一方、この動向に呼応した学術政策がこの頃から展開されることになる。米国政府の人文学研究助成機関NEHでは2008年にOffice of Digital Humanitiesを設置して専門的に助成を行うこととなり、欧州ではESFRI Roadmap（研究インフラに関する欧州戦略フォーラム）において人文学のための研究データインフラ事業DARIAH（Digital Research Infrastructure for the Arts and the Humanities）が2006年にリストアップされ、2008年には準備フェーズが始まり、2014年には欧州研究インフラコンソーシアム（ERIC）の一環として正式に設立される。こうした動向も含みつつ、様々な事業や研究プロジェクトが相互に連携しつつ幅広く推進されてきている。

　日本国内でも1980年代終わりには情報処理学会に人文科学とコンピュータ研究会[18]や情報知識学会[19]が設立され、その後もこのテーマを扱う学

会・研究会が様々に設立され、着々と研究が進められてきている。2012年には日本デジタル・ヒューマニティーズ学会[20]が設立されて国際DH学会連合（ADHO, Alliance of Digital Humanities Organizations）に加盟し、国際的な潮流の中に日本の活動も位置づけられるようになり、その後、2022年にはオンラインではあるが東京大学が主催してアジア初のADHOの年次国際学術大会が開催された[21]。この大会では、AI技術を応用した研究が目立ったものの、人文学研究者が自らデータを構造化することに関する発表や、そのようにして作られた歴史史料や文学作品等のテキストデータを人文学の文脈でデータマイニングをするなど、現在のデジタル技術を人文学資料に適用することで得られる新たな成果が様々な形で発表されていた。人文学と情報学の研究者による共同研究だけでなく、2000年代に広まった欧米のDHの教育課程[22]を経て人文学のコンテクストでプログラミングやデータ構築を自ら実施できるDH研究者達による発表も多く見られた。

　日本でのこうした動向への学術政策的な対応としては、文部科学省大規模学術フロンティア促進事業の「日本語の歴史的典籍の国際共同研究ネットワーク構築計画」[23]が、国文学研究資料館によって推進されており、大規模な日本語歴史的典籍のデジタル画像リポジトリを中心としたデジタル研究資源インフラが構築されつつある。また、2018年に開始された日本学術振興会の人文学・社会科学データインフラストラクチャー構築推進事業[24]では、デジタル媒体を前提とした人文学の研究データインフラの整備が徐々に進められつつある。

4-1-2　DHにおける研究の状況

　DHにおける研究は、その資料と研究手法の関係から、構築系・共有系・解析系に大別することができる。構築系は、データの構築手法に関する研究であり、近年の動向としては、テキストエンコーディング、文字エンコーディングなどがよくみられ、3D学術編集版に関する議論も始まっている。共有系は、データ共有に関するものであり、データ公開のための手法や手続

き論、法制度、技術などが近年はよくみられる。解析系には、データマイニング・テキストマイニング等を通じて人文学の文脈での分析を行うものが以前からよく見られるが、手書き文字認識(HTR)[25]やくずし字OCR[26]のように画像を解析して必要なデータを抽出しようとするものなどが近年は増えてきている。さらに、最近では、このようなデジタル技術を直接適用する研究以外にも、デジタル技術を適用すること自体の意味やそれが社会にもたらす影響、とりわけ多様性と平等の問題への関わりを扱う研究が国際的なDHのコミュニティにおいて広まりつつある。

4-1-3　DHにおいて個別分野をつなぐ理念的背景

　DHは人文学を対象とする領域だが、人文学と一口に言っても、そこに含まれる歴史学・文学・哲学・言語学・社会学・心理学・人類学などのそれぞれの分野には固有の方法論があり、通常の研究活動においては相互に接点を持つことすらそれほど容易なことではない。上記のようなDHにおける研究の多くは、人文学の各分野においてデジタル技術を応用する研究活動であり、それぞれの個別分野で議論すれば十分であるということにもなりかねない。その壁を乗り越えるための理念的背景としてDHにおいて広く共有されているのが「方法論の共有地(Methodological Commons)[27]」(図3)という考え方である。人文学に含まれる様々な分野はそれぞれに独自の方法論を有しており、それを用いて研究成果を出すことになるが、DHにおいてはそれらの方法論に対してデジタル技術を適用することになる。その際、テキスト分析や画像分析、マッピング、データ構築等々、デジタル技術としては同じものを用いることになる。方法論はそれぞれに異なっているとしても、デジタル技術を適用する場面においては共通の場での議論が可能であり、それを共有地と位置づけた上で、各分野が相互に協力しつつ研究を展開し、成果を出していくとしたら、それはその技術の応用という点で各分野がそれぞれに益を得るだけでなく、その際に相互に見えてくる方法論の違いは、相互の対話可能性への意識とともに、自らの方法論的反省の場が提供されることにもなり

得る。DHはそのようにして人文学全体への広がりを持つべくADHOを中心として活動を続けてきている。

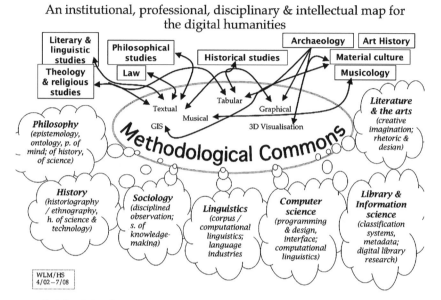

図3　方法論の共有地(Methodological Commons)

4-2　DAとDHの接点

　以上のようなDHがDAとどのような関係であり得るかについて検討してみよう。DAには人文学の研究対象となる資料をデジタル化したものが多く含まれる。人文学には上述のように幅広い分野が含まれるが、それぞれにおいて何らかの形でDAに研究資料を求めるようになりつつある。図書資料や古文書、古記録・古典籍等はその典型であり、絵画をはじめとする美術品や工芸品、出土品なども含まれる。アンケート調査等の結果もある。そうした資料はアーカイブズ・ミュージアム・図書館等で着々とデジタル化が進められており、人文学の教育や研究において広く活用されるようになっている。近年は、伝統的な人文学においてもデジタル化資料を用いる例は多く見られ、資料だけでなく、研究成果としての論文も日本であればJ-STAGEや各大学

機関リポジトリを通じてデジタル化と公開が着々と進められている。こうした論文リポジトリをもDAに含むと考えるなら人文学はDAの有力なステイクホルダーとしてもはや抜き差しならぬ関係になっている。なお、人文学として見た場合には幅広く深くDAのコンテンツが関連することになるが、個別の研究者に着目した場合には、自らの専門分野に近ければ近いほど深い関わりを持つが、逆に専門から離れれば離れるほど深い関係ではなくなっていくという点にも留意しておきたい[28]。

4-3　DAのレイヤー構造におけるDH

　それでは、DHの営みをDAのレイヤー構造を手がかりとして検討してみよう。DA-L1においては、研究利用に耐え得るデジタルコンテンツを要求することになる。これは、再現性の高さを実現するためにより高精度なものが求められると考えてしまいがちだが、一方で、研究方法論として必要な精度が実現されていればよいという考え方もある。資料に内在する情報は、デジタルデータにした時点で何らかの捨象が生じてしまうのであり、特にテキストデータの場合には文字の形や色等の微細な違いも十分に再現できない場合が多い。それにも関わらずテキストデータでよしとすることがあるという状況は、許容される捨象の範囲を考慮する上で重要だろう。平面画像であれば、解像度の必要性は分野や研究手法によって異なり、たとえば、テキスト本文の内容を読み取れればよい分野と、漢文写本の角筆点まで読み取りたい分野では要求される解像度や照明の当て方へのこだわりも大きく異なる。音声や動画の再現度についても分野によって異なる場合があるだろう。立体物を3Dで再現するのであれば、技術的には研究上必要な観察範囲を超えたすべての側面の再現が可能だが、あまりにも微細な情報まで再現しようとするとコスト面での困難に直面するだろう。しかしながら一方で、これまでにはなかった新たな研究手法が編み出された際に、これまでよりも高い再現度が必要になってしまうことがあり、現在の必要性のみに立脚したコンテンツ作成は将来的な再作成を必要とすることになりがちなため、やはりデジタル化

の際の資料の再現度はコストの許す範囲で可能な限り高い方がよく、何らか
の配慮は必要だろう。

　DA-L2のアノテーションは、DHにおいてはコンテンツに関する専門知を
踏まえた解釈の提示とその共有、そして、さらなる研究の発展のために鍵と
なるものである。これは、人手で作成されることもあれば、コンピュータ分
析によって作成されること、あるいは両者を組み合わせて対処されることも
ある。画像や音声・動画等に付したアノテーションをWeb上でより有効に
機械処理するためには、前出のIIIFが有効である。そして、知識処理しやす
いアノテーション作成のためには前出のTEIガイドラインが提供する文書構
造のモデルが有用である。あるいは、より高次の知識ネットワーク構築を目
指してRDF（Resource Description framework）29)に準拠したアノテーションの
作成に取り組む研究も取り組まれてきている。

　DA-L3のインターフェイスに関してみてみると、DHにおける典型例とし
ては、必要な情報にどのようにアクセスできるようにし、コンピュータによ
る分析結果をどのように視覚化すべきか、ということについての研究が行わ
れている。前出のIIIFやTEIについても、DA-L2で構築されたアノテーショ
ンを適切に提示するための研究開発が様々に進められている。目指すところ
は資料に対して直感的に容易にアクセスし理解できるようにするというこ
とになるだろう。そして、こうした研究を包括する概念としては、たとえ
ばScholarly Primitivesという概念が提唱され議論されている。これは、人文
学研究において採られる手法の原初的なものを突き詰めた時にどのような行
為に収斂可能か、ということについての具体性を持った提案であり、DHに
おけるアプリケーション開発にも応用される。この語には定訳がまだないの
だが、仮に原初的研究手法と訳しておこう。2000年にこの原初的研究手法
を提唱したJohn Unsworthがその構成要素として挙げたのは発見・注釈・比
較・参照・サンプリング・例示・表現である30)。人文学における研究はこ
れらに拠って行われており、人文学をデジタル媒体上で展開するために必須
であるとした。この原初的研究手法は、その後も様々な議論を経て発展し、

2020年には欧州の人文学向けデジタルインフラDARIAHの会議のテーマとして採りあげられている。

DA-L4については、DHに取り組む大学教員であれば大学生・大学院生への教育を通じて、そして、大学教員ならずとも、学会における論文発表や書籍の刊行、マスコミ等での露出などを通じて情報提供をするとともにフィードバックを受け取ることになり、幅広く様々な人々とコミュニケーションをとることになる。近年は、欧米先進国を中心に、オープンアクセス・オープンデータ・オープンソース等と呼ばれる自由な研究資源へのアクセスが求められるようになり、世界各国からそうした資源が提供され、研究活動への敷居を下げることに貢献している。ここでは、人文学の特性をうまく活かした研究データインフラストラクチャーの構築と運用が効果的であり、今後重要なテーマの一つとなっていくだろう。

最後に、DHにおいてDA-Codeにあたる研究としては、法制度や技術標準だけでなく、社会正義に関わる研究もこれに含まれるだろう。前述のように、欧米先進国ではその点についての研究も盛んであり、ジェンダーの不平等や南北問題も含む構造的な格差や差別についての研究も進められている。なお、欧米先進国でのDH関連学会の運営においてはジェンダーバランスの確保について ADHO 設立時点から実現されており、単なる議論で終わるものではなく実践も伴った営みとして研究活動が推進されている点も、興味深くかつ参考にすべきだろう。

以上のように、DAのレイヤー構造の枠組みからDHの研究活動をみてみると、DAが持つ広汎な対象範囲からすれば当然のこととは言え、DHはDAの一部として位置づけ得るものであり、それぞれのレイヤーにおいてDHの活動がDAに資するものであることもみてとれる。

5　DAとDHがもたらし得る未来

DAがデジタル時代に即した新たな知識基盤であるなら、デジタル技術を

用いて人間文化を研究しようとするDHがそこに含まれることになるのはある意味で当然のことである。一方で、DHを含む人文学が持つ視座は、DAそれ自体やそれを構成する各レイヤーを問題化し、ラディカルな変革を求めることもある。

　現在は総合知という言葉に象徴されるように、複雑化した知の世界において横断的に全体を俯瞰できる優れた解決策が求められるようになってきている。DHはそれを実現する可能性を期待されるものであり、そのためにはより良質なDAを媒介とすることが必要となる。構築者としても利用者としても、DHはDAに貢献し得る存在であり、その貢献によって、DH自体もより高い評価を得られることになる。この相互に有益な関係を持続的に発展させていくことができれば、両者の未来は明るいものとなっていくことだろう。

注
1)　これについて日本語で読めるものとしては、横山説子「デジタル時代における人文学者の社会的責任」(『欧米圏デジタル・ヒューマニティーズの基礎知識』(文学通信、2021年)収載)を参照されたい。
2)　https://www.mext.go.jp/content/20200722-mxt_jogai02-100013300_006.pdf(最終アクセス：2022年9月28日)
3)　デジタルアーカイブにおけるテキストデータの在り方や構築の考え方については、永崎研宣「人文学のためのテキストデータの構築とは」『人文学のためのテキストデータ構築入門　TEIガイドラインに準拠した取り組みにむけて』(文学通信, 2022)を参照されたい。
4)　Unicode; The World Standard for Text and Emoji https://unicode.org/(最終アクセス：2022年9月28日)
5)　ISO/IEC 10646:2017 Information technology ── Universal Coded Character Set (UCS) https://www.iso.org/standard/69119.html(最終アクセス：2022年9月28日)
6)　MUFI: The Medieval Unicode Font Initiative https://mufi.info/(最終アクセス：2022年9月28日)
7)　デジタルアーカイブにおける学術的な文字コードの課題については、詳しくは、下田正弘・永崎研宣編『デジタル学術空間の作り方　仏教学から提起する次世代人文学のモデル』(文学通信, 2019)における下田正弘・永崎研宣「デジタル学術

空間の作り方—SAT大蔵経テキストデータベース研究会が実現してきたもの」「6-1. Unicodeへの登録」及び王一凡「慧琳撰『一切経音義』の符号化をめぐって」を参照されたい。

8）　P5: TEIガイドライン https://tei-c.org/release/doc/tei-p5-doc/ja/html/index.html（最終アクセス：2022年9月28日）

　　なお、日本語による紹介としては一般財団法人人文情報学研究所監修『人文学のためのテキストデータ構築入門』を参照されたい。

9）　IIIF | International Image Interoperability Framework https://iiif.io/（最終アクセス：2022年9月28日）

　　なお、日本語での紹介としては、永崎研宣『日本の文化をデジタル世界に伝える』（樹村房，2019）の第五章を参照されたい。

10）　IIIF Curation Platform | ROIS-DS人文学オープンデータ共同利用センター(CODH) http://codh.rois.ac.jp/icp/（最終アクセス：2022年9月28日）

11）　TEIとIIIFの双方に対応している例としては廣瀬本萬葉集のビューワが挙げられる。永崎研宣, 乾善彦, 菊池信彦, 宮川創, 小川歩美, 堀井洋, 吉賀夏子.「万葉集伝本研究のためのデジタル基盤構築 廣瀬本『万葉集』の構造化とビューワの開発」. 研究報告人文科学とコンピュータ(CH), 2021-CH-125, no. 2 (2021年2月6日): 1–7.

12）　Schreibman, Susan, Costas Papadopoulos.「Textuality in 3D: Three-Dimensional (Re) Constructions as Digital Scholarly Editions」. International Journal of Digital Humanities 1, no. 2 (2019年7月1日): 221–33. https://doi.org/10.1007/s42803-019-00024-6.

13）　Drupal - Open Source CMS | Drupal.org https://www.drupal.org/（最終アクセス：2022年9月28日）

14）　Omeka https://omeka.org/（最終アクセス：2022年9月28日）

15）　Edited by Susan Schriebman, Ray Siemens, and John Unsworth, A Companion to Digital Humanities, Blackwell Publishing, 2004, https://companions.digitalhumanities.org/DH/（最終アクセス：2022年9月28日）

16）　世界各地で開催されるDH学会の発表論文の横断検索を提供するサイトが運用されており、関心がある方はぜひ参照されたい。 The Index of Digital Humanities Conferences, https://dh-abstracts.library.virginia.edu/（最終アクセス：2022年9月28日）

17）　https://www.mla.org/About-Us/Governance/Committees/Committee-Listings/ Professional-Issues/Committee-on-Information-Technology/Guidelines-for-Evaluating-Work-in-Digital-Humanities-and-Digital-Media このガイドラインは2012年に改訂されている。なお、本Web頁では初版の承認は2000年と書いてあるものの、その公開については2002年とする資料が散見される。（最終アクセス：2023年5月31日）

18)　情報処理学会人文科学とコンピュータ研究会, http://jinmoncom.jp/(最終アクセス：2022年9月28日)

19)　情報知識学会, https://www.jsik.jp/(最終アクセス：2022年9月28日)

20)　日本デジタル・ヒューマニティーズ学会, https://www.jadh.org/(最終アクセス：2022年9月28日)

21)　DH2022, https://dh2022.adho.org/(最終アクセス：2022年9月28日)

22)　欧州におけるDH教育に関しては、長野壮一「フランスのDH——スタンダール大学における教育と研究」『欧米圏デジタル・ヒューマニティーズの基礎知識』(文学通信, 2021)にてフランスの事例が紹介されている。また、各国のDH教育課程についてはたとえば以下のURLにリストされている。 https://github.com/dh-notes/dhnotes/blob/master/pages/dh-programs.md (最終アクセス：2022年9月28日)

23)　日本語の歴史的典籍の国際共同研究ネットワーク構築計画, https://www.nijl.ac.jp/pages/cijproject/plans.html(最終アクセス：2022年9月28日)

24)　人文学・社会科学データインフラストラクチャー構築推進事業, https://www.jsps.go.jp/j-di/torikumi.html(最終アクセス：2022年9月28日)

25)　Transkribus | AI powered Handwritten Text Recognition, https://readcoop.eu/transkribus/(最終アクセス：2022年9月28日)

26)　くずし字OCR(AIくずし字認識), http://codh.rois.ac.jp/char-shape/OCR/(最終アクセス：2022年9月28日)

27)　Willard McCarty, Harold Short, METHODOLOGIES , Pisa, April 2002, https://eadh.org/methodologies. なお、日本語訳と簡単な解説が以下のブログ記事に掲載されているのであわせて参照されたい。「Methodological Commons: デジタル人文学で昔から定番の話」https://digitalnagasaki.hatenablog.com/entry/2020/12/20/182659

28)　DAコンテンツと専門分野の関係に関しては以下の論文で整理したことがあるので参照されたい。永崎研宣. (2007). 人文科学のためのデジタル・アーカイブにおけるステイクホルダー―仏教文献デジタル・アーカイブを手掛かりとして―. じんもんこん2007論文集, 2017, 347–354.

29)　Resource Description Framework (RDF) , https://www.w3.org/RDF/(最終アクセス：2022年9月28日)

30)　John Unsworth, "Scholarly Primitives: what methods do humanities researchers have in common, and how might our tools reflect this? ", Part of a symposium on "Humanities Computing: formal methods, experimental practice" sponsored by King's College, London, May 13, 2000. https://johnunsworth.name/Kings.5-00/primitives.html(最終アクセス：2022年9月28日)

第 **2** 部

DHにおけるDA構築

第3章

人文学の大規模な研究基盤構築

新日本古典籍総合データベース

山本和明

1　前提として──歴史的典籍NW事業

　文部科学省における大規模学術フロンティア促進事業として、国文学研究資料館(国文研)が進める「日本語の歴史的典籍の国際共同研究ネットワーク構築計画」[1](以下、歴史的典籍NW事業、2014年度〜2023年度)も漸く事業完了を迎える。当時、公開可能とされた30万点もの古典籍(1867年以前のあらゆるジャンルの書物)を全冊画像化し、書誌情報とともに公開する当初目標は、何とか達成できそうだ。10年に及んだこの事業は、科学研究費補助金とは違い、機関が責任を担う「事業」で、失敗の許されぬものだった。かつて、とある立場の方に、もし上手くいかなかったらどうなるかと訊ねたところ、そのときは国文研を潰せばいいと本気とも冗談とも思える答えが返ってきた。事業を行うとはそういうことなのだと身の引き締まる思いをしたものだ。今回、編集者より提示されたテーマをそのまま標題としたが、確かに、人文学にとって初めての「大規模」な研究基盤の構築を目指す10年に及ぶ道程は苦難の連続でもあった。

　研究者が各機関(ないしは国文研)に訪問し、閲覧してきた古典籍も、この事業により、「いつでも・どこでも・誰でも」、自由に確認できる環境へとシフトできた意義は大きい。移動や複写申請などを考えなくてもよく、研究者として実に有り難い。1つのサイトから大規模に確認出来るのは至便この上

ない。しかし、本当の意味での基盤構築とするにはまだまだ心許ない。これで完了としたならば、それは単に量的達成に過ぎず、従来的な手法による研究を簡便化したにすぎない。アーカイブとはなり得ても、デジタルの持つ利点を充分に発揮し得ていないことは衆目の一致するところだろう。大規模なデジタルデータを如何に研究資源へと転換していくのか。歴史的典籍NW事業開始当初からの使命であり、様々に試行錯誤を重ねながら、私心を去り展開させてきた。得てして画像公開のみが採り上げられがちだが、そこには何のためのデジタル化か、という「志」が抜け落ちている。以下、紆余曲折を経た事業化に至る経緯を確認していくが、こうした経緯を述べることは、記憶を「記録」として残すこととなり、あながち無駄とは言えないだろう。

1-1 マスタープラン

研究者コミュニティを代表する日本学術会議では、2008年10月以来、学術の大型研究計画について検討がなされていた。2010年3月、その科学者委員会「学術の大型研究計画検討分科会」によって、全学術分野に跨がるわが国初の大型計画マスタープラン「学術の大型施設計画・大規模研究計画――企画・推進策の在り方とマスタープラン策定について」[2](通称マスタープラン2010、のち小改訂されマスタープラン2011となる)が提示され、推進すべき大型研究計画43計画の1つとして、「日本語の歴史的典籍のデータベースの構築計画」が公表される。歴史的典籍NW事業の基点となったものだ。当初の担当機関は東京大学文学部と国文研。ともに正会員を輩出しており、日本学術会議主導の計画立案だった。その発想の根源には、10年20年先の学術およびその推進政策に対する長期的な考察として同年4月に示された「日本の展望――学術からの提言2010」[3]が反映している。特に人文社会学分野からの提言は、人文・社会科学作業分科会により「日本の展望――人文・社会科学からの提言」[4]として纏められている。その一節を引用する。

　言語・文学研究は、上述のように根源的かつ多文化的な分野であるが、

その中心には日本の言語と文学が位置する。それらの集成と保存は、日本文化に対する言語・文学研究の責務である。だが、IT技術の進歩にもかかわらず、現状はまだそれを活かすには、ほど遠い。具体的に言うなら、まず江戸期およびそれ以前の日本語典籍全ての、学術的考察を経た規格による、総括的デジタル・アーカイブの構築ならびに琉球方言など消滅の危機に瀕している日本語方言の記録とそのアーカイブ化が、早急に促進されなければならない。(30頁)

この提言と併せ、作業分科会の下に位置付く言語・文学委員会による報告(「言語・文学分野の展望——人間の営みと言語・文学研究の役割」[5])も公表されるが、そこでは、現在の日本社会における問題として、「日本語と日本語を取り巻く状況の変化」があり、「日本語の過去の文字記録や方言の記録の保存体勢の不在は、日本文化の根幹を揺るがしかね」ず、そうした「保存体制の不在」への対応こそが、「喫緊の課題であり、国家的レヴェルでの対処が不可欠である」と指摘されるのである。

日本学術会議会員に向けて、分野ごとで積極的に大型研究のプランを出すようにという会長の呼びかけがなされ、各分野の委員がそれに応えたのが先の報告であり提言だが、具体的に「総括的デジタル・アーカイブの構築」が挙げられたのである。「保存体制の不在」への対応と「IT技術の進歩にもかかわらず、現状はまだそれを活かすには、ほど遠い」状況の打破を目的とした、まさしくデジタルアーカイブ(以下、DA)と言える取り組みだった。特に日本文化の根幹を揺るがしかねない事態への対応が強調される点に注目してよい。単にデジタルへの媒体移行ではないのである。翌年におこった東日本大震災の教訓が一層後押しとなったことは言うまでもない。筆者自身、1995年の阪神淡路大震災当時、神戸に居住し罹災したが、町並みから何もかも無くなることを体験し、この事業を進める原動力となったことは確かだ。

マスタープラン2010[6]に示された計画概要は、「著作権・出版権の法的検討や、新漢字コード等の開発の上に、書誌・原本画像・翻字テキストがリン

クしたデータベースを構築し、万人の利用を可能にする」というものであった。「新漢字コード」などの記載は、Unicodeへの移行をまだ意識しない当時の状況をよく表している。予算規模は10年で210億円と想定。計画説明には、「日本の社会や文化の現状を正確に把握し、また将来への適切な方策を考えるためには、過去の日本語テキストを十全に活用できることが必須であり、そのためには、一部の専門家のみが使えるようなくずし字のままの古典本文のデジタル画像ではなく、古典本文をテキストファイル化した、万人に利用可能なデータベースが必要とされる」とあり、翻字テキストを作成することが重要視され、構想されていたのである。

1-2　ロードマップ

　文部科学省のもとに、2009年6月、学術研究の大型プロジェクトを計画的に推進する方策について審議を行うために設置された「学術研究の大型プロジェクトに関する作業部会」では、欧米を参考に学術研究の大型プロジェクトの推進に関する基本構想「ロードマップ」を策定することになった。従来は大規模施設計画にのみ予算措置されたが、多くの研究者たちが協力し、長期的に当該分野の重要課題に取り組む大規模研究計画も新たに対象とされた。日本学術会議のマスタープランに盛り込まれた43計画についてヒアリングを行い、プロジェクト推進の優先度を明らかにしたのである（2010年10月）。特に「基本的な要件が満たされており、一定の優先度が認められる計画」として18計画が選ばれたが、人文・社会科学分野からの「日本語の歴史的典籍のデータベースの構築」が評価aaで策定される[7]。

　ロードマップ策定はあくまで文部科学省内の委員会が、今後進めるべきという優先順位をつけるものであり、ここから事業化、すなわち予算化に向けて文部科学省とともに具体的に詰めていく作業となる。問題となったのは、日本学術会議の提言に沿って、翻字テキスト全文作成も入れるとしていたが、テキスト化をどのように進めるのか、どの範囲で行うのか、そのジャンルの優先順位はどう決めるのか、それを担う人材が確保されているかといったこ

とが次々と課題として顕在化した。当時は人力でこなすという発想だった。ロードマップ策定後、事業開始まで数年を要しているが、人文社会系ではどこも大型の予算を獲得した経験値をもたない。国文研は何事においても戸惑うことばかりだったのである。

　DAとは、人々が培ってきた様々な知的資産をデジタル化して、保存・共有・活用する仕組み全体のことであり、狭義には図書館、博物館、文書館などの所蔵資料や所蔵品のデジタルデータを一般に指す。対してDB（データベース）は、多くのデータを決められた形式のもとで集めて整理し、そのデータを検索・抽出・編集・共有などしやすくする役割を担ったものとひとまず言えようか。DBはあくまで研究資源であって、人文学にとってはそれ自体が学術研究ではない（どのようにDBを構築するかは研究たり得る）。学術研究として、重要なことを進める機関自体がキチンとその意志表明すること、そして財務省への概算要求に説得力を持たせるため、その研究資源を使ってどのような新しい研究ができるのか、どのような発見があるのか、が問われて当然であった。マスタープラン2010計画の文章に、「古典籍のいわゆる電子化はすでに多くの機関で始まっているが、それは図書検索のための書名データベースや、わずかな数の貴重書のデジタル画像化にとどまっており、図書館業務の簡素化や貴重書の保存に幾分か資するのみで、古典籍の真の活用という観点からは極めて不十分と言わざるをえない」と記されていた。当時、各機関（図書館）で貴重書画像がWeb上に公開され始めており、画像公開だけなら人文系研究者が携わらなくても進行できた。研究期間10年後を見据えた先進的な研究事業であり、成果が求められるのが大型研究計画である。策定後、事業化に向けた書案作成段階から筆者も参画したが、DB構築だけでは研究資源にすぎず、どのような新しい研究ができるのか、どのような発見があるのかを示さなければ財務省が認めないだろうと、急遽、異分野融合研究や国際共同研究などの側面を加え、テキスト化は自動化に繋がる実証試験とし、古典籍の全冊画像公開が可能な点数を30万点と設定したこと、などを覚えている。事業化に向けて、日本学術会議やロードマップ策定

案から大きく舵を切った、切らざるを得なかったのである。

1-3　事業化ということ

　毎年毎年概算要求をして予算を獲得し、10年間事業を継続するということの意義、個人ではなく機関が申請をすることの意味する処は、こうした申請を経験したことで初めて知り得た。多くの税金を使う以上、個人の研究の中だけで終わらせず、社会へ発信することも重要となる。デジタル化が大事だ、古典籍は大事だとは、当事者は主張するが、なぜ大事なのか、それを進めることで何が判るのか。また、他の事業に比してなぜ今緊急に予算を配分して行われねばならないのか。数十億という資金を税金から捻出する以上、そうした説明責任がある。いまDAやDHに注目が集まるが、脚光を集めている今だからこそ、こうした視点を持つべきである。

　何よりも研究者がやりたいという意志が問われる。10年後の社会を見据え計画を立案するにおいて最も重要なのは、研究者が「夢」を語ることだ。正直荷が重い。しかしその時に多くの研究者は大変だねと他人事のような姿勢であったなかで、どういうビジョンを君が持つかが大事だよと言ってくれた先輩研究者には助けられたものだ。そうした説明根拠を探る上で、先に掲げた「日本の展望」や、「リスク社会の克服と知的社会の成熟に向けた人文学及び社会科学の振興について（報告）」[8]（以下「リスク社会」、2012年7月25日科学技術・学術審議会学術分科会）などは大いに参考となった。個人研究が中心の人文学分野の研究をどのように共同研究へとシフトして行くべきか、その指針でもあった。国や日本学術会議の提言を踏まえつつ、事業をその中核に位置づけることも大事である。それはDHであっても、DAであっても同じだろう。本章を執筆するにあたり、改めて上記の文章を再読したが、いまに繋がる問題、今なお残された課題が多く鏤められている。

1-4　歴史的典籍研究の立ち位置

　歴史的典籍に基づく研究は、明治期以来、整備された活字テキストという

2次資料に依拠するのが主であった。しかし、奈良時代以来綿々と書写され、また木版による印刷で継承されてきた知識が、全て活字化されてはいない。一説によればその1%も活字化されず、継承されていないという。日本という国は、典籍に記された先人達の文化を写本から木版本、活版本、デジタル出版という情報媒体の変遷と文字の変遷（くずし字、旧漢字等）に伴い、顧みることもなく捨ててきた。Web上に歴史などに関する様々な誤情報で溢れかえっているのも、1次資料たる歴史的典籍が、多くの人の目に触れない現状ゆえだろう。津波や地震などの災害の例にみるように、歴史的典籍に触れることで明らかになることや学ぶべきことは今なお多い。典籍を活用し、正確な情報のもと、現代に資する研究を推進する。そのためには、まずWeb上での典籍画像の公開という基盤構築が必要不可欠と、そう発想したのである。テキストだけで済む人もいるだろうが、元に辿れることは重要だ。その当時は、まだくずし字認識なども科研で実験的に行われていたに過ぎない。奇をてらわず、10年間で可能な研究基盤の構築を考えることと、研究者にどのように浸透させるかということ。打ち上げ花火のように少しばかりのデータを公開するのとは訳が違うのである。

2　歴史的典籍NW事業がスタートした当時——人文学の周縁

　NW事業がスタートしたのは2014年度である。足掛け3年、事業化に至るまで時間がかかったことになる。30万点という古典籍は日本文学分野のみで成立しない。ありとあらゆる分野に古典籍がある。30万点というビッグデータの公開によって開ける地平は何か。10万点ではなく、なぜ30万点なのか？これも事業期間中に受けた質問である。束となることで見えてくること、すなわちジャンルという枠を越えて集まることで見えてくる視界があるのだとし、あらゆるジャンルの古典籍を日本文学以外の研究者も活用できる環境を構築し、そのことが転じて人文学の活性化に結びつけるのだ、と想定した。個別の図書館でも例えば予算があれば所蔵資料の画像公開は出来る。

それとの違いは、束となってかかることによる効用まで求めたことにあるのだろう。大いに参考にしたのが、先にも触れた報告「リスク社会」である。そこでは、「現在の我が国における人文学・社会科学の振興を考える上で最も重要と思われる3つの視点（人文学・社会科学の振興を図る上での視点）」を挙げている。

2-1 振興を図る上での3つの視点

1つ目は、「諸学の密接な連携と総合性」という観点。従来、人文学は個別の分野の精緻化に固執し、知の統合や分野をこえた総合性への視点が欠落していたとする。その結果として、人間・社会・自然の全体的理解を等閑に附しがちではないかというのである。30万点の古典籍の画像化は諸学との共同研究に資すると考え、国文研が日本文学以外の古典籍の画像化にも取り組むことに繋がった。天に星があるように、海には海洋資源があるように、書物のなかには未開拓の壮大な沃野が拡がっており、人文知の可能性を説いたのであった。

2つ目は、「学術への要請と社会的貢献」という観点。研究者が多様な社会的活動に参画するとともに、社会の側にも研究への参加を求める必要性を説く。社会的要請への積極的な応答を試みることであり、みずから研究課題を探索し発見する行動を求めている。ここでは既に「いわゆる課題設定型の研究推進」といった言葉も見いだせる。今日、疫病や災害への対応などで人文学の側からも積極的に情報発信をしはじめたが、当時から常に意識すべき事柄とされていた。市民参加型の取り組みを行うこともこうした視点での具現化であった。古典籍を多くの人に「開く」試みは重要である。こうした資料には一般の人は興味がないだろうというのは誰目線での発言であったか。江戸期の料理本を巡るイベントなどの例9)を挙げるまでもなく、実際に古典籍に手を触れ、画像をみる試みに、多くの市民の方々が賛同し喜んでくれたのである。

3つ目は「グローバル化と国際学術空間」という観点。その指摘では、「日

本由来の学問領域を国際的な交流の場に引き出すことを責務の一つと考え、リーダーシップを取ることで貢献・寄与すること」が要請される。国際的な利活用を考える上ではガラパゴス的な取り組みにならないことが重要である。DBを構築する上で、最先端の尖った技術ではなく汎用的となりうる国際的な仕組みでの運用を心がけた。この点は後に確認することにしたい。上記の視点はそのまま歴史的典籍NW事業に何らかの形で反映させてきたつもりである。

2-2　未来社会の共創に向けて

　近年発表された「人文学・社会科学が先導する未来社会の共創に向けて」[10] (文部科学省科学技術・学術審議会学術分科会「人文学・社会科学振興の在り方に関するワーキンググループ」、2018年12月)において指摘されるように、個々の専門的な研究がマクロな知の体系と関連付けることが難しい状況に人文学が置かれているとの現状認識のなかで、現代社会が直面する諸課題に関する研究を行い、人文学・社会科学の諸学が、分野を超えて共有できる本質的・根源的な問いに対する探究を深化させていくアプローチが求められている。このことは10年前から何ら変わりは無い。また、自然科学分野が主導する形での問題設定ばかりでは、人文学・社会科学の研究者がインセンティブを持ちにくいのは自明のことである。他分野が当たり前のようにやってきた連携を目指すことになった人文学は、後発部隊といえども、人文学・社会科学の学問体系で蓄積された知を、世の中の具体的ニーズに対し発信していかねばならないし、そうした意欲が必要となる。

　人文学・社会科学においても従来からデータ収集・分析という研究手法は当たり前であるが、デジタル化された研究データの利用環境整備はまだまだ遅れている。データサイエンスを応用したデータ駆動型の新しい手法を取り入れることにより、これまでにない学術的・社会的成果を生み出すことに期待が寄せられる現状にあり、そこに国際、異分野を重ねていかねばならない。当たり前ではあるが、デジタルの推進は、他分野の人々にとっても有益でな

くてはならないのである。DHが既存の人文学分野にのみ注視している限り
において、それは一過性となる宿命にあると肝に銘じておくべきであろう。
国文研の目指す後継計画「データ駆動による課題解決型人文学の創成」はまさ
にNW事業を踏まえ、そうした社会的欲求に応えるべく構想された。基盤と
なる共同利用可能なデータ拠点の整備に尽力するとともに、未来社会の設計
に資するデータを産出し、発信することが今後責務となるだろう。

3　新日本古典籍総合DBの理念

3-1　人文学にとっての研究基盤であるために

　前説が長すぎたかもしれない。新日本古典籍総合DBがスタートしたの
は2017年であった。国文研で蓄積された40年におよぶ書誌情報を土台とし、
そこに画像データを連接するものである。研究基盤としてのDBはどうある
べきか。人文学の基礎は、長年蓄積された典籍にある。論文に引用するにも、
検証するにも、論拠となる作品画像へ安定的に辿り着けることは、これまで
怠られがちだった検証可能な人文学研究の構築へと繋がる。DAを考える上
で、何よりも重視したのは、「検索結果の安定性」である。検索結果が数年後
には見当たらない事態は、インターネットが盛んになった当初、よく遭遇し
たものだ。せっかく有益な情報を公開しても、サーバー管理の問題や、一部
のソフトに依存したデータ形式ゆえに、データの維持が難しくなり閉鎖、と
いう事例が数多く見受けられた。科研で公開したDBなどのサイトの閉鎖は
よくある話で、残念だ。今でも論文等に〔2019_01_01閲覧〕などと、URLと
ともに閲覧日時を記載するのは良心的で、そのデータが迷子となり存在が確
認出来ない場合、途方にくれてしまう。確認し得ない研究情報ならば、それ
は信用に足る情報とは見做しようもない。第三者による検証や追認が出来な
ければ、本当にそう書かれているかを誰が証拠立ててくれるのか。検索結果
の安定性、すなわちいつ見ても結果が同じであることは、人文科学を検証可
能な学問にする上での必須条件である。人文科学は科学でなければならない。

その元となる資料閲覧において、個々人で閲覧の可否がある資料などは論外の話だ。画像公開の場合は、検証追認しうる環境を維持し続けることが重要となる（サイトの維持には経費がかかるし、ときにはそのページを構築するツールのヴァージョンアップにも対応していかねばならない）。

　もし翻刻されたテキストに間違いがあれば、その資料の上に論を構築する以上、根本が揺らぎかねない。原典にあたって考察してきた者として言えるのは、検証した途端、翻刻資料に誤りや揺らぎがあることを幾度も経験してきたことだ。その経験を踏まえるまでもなく、今後は画像で検証追認しうる環境へ近づけることが重要となる。理系の研究者ならば当然でしょうと思うことが、意外に看過されてきたのである。

　こうして画像を公開することは、少なくとも根源資料に誰でも直ぐに辿り着けるということであり、それだけで人文学研究の基盤整備の第一歩と言えるのではあるまいか。翻刻テキストがあったとしても、研究者ならば元に少なくとも辿るべきだろう。そうした思いをもつことで、元々の構想（マスタープラン2010）にあったテキストDBの前に、画像データを公開することに積極的な意義すら見いだし得たのである。

　研究資料情報の入手難による研究推進の障壁が解消されるだけではなく、これまでは他の研究分野の書冊として閲覧対象外であった書物のなかに、様々な研究のシーズがあり、それが発見可能となる。閲覧手続きを要しないため、一般の人々も、ふと目にしたことで好奇心を惹起し、書物の世界へと誘われることを願うばかりである。

3-2　3つの観点

3-2-1　DOI

　このように検証可能性とともに「いつでもどこでも誰でも」という環境の整備を進めることを基本にして歴史的典籍NW事業を進めていったが、その際、国際的にも通用する3つの取り組みを行ったことも紹介しておきたい。

　結果の安定性をいつまでも維持するために、歴史的典籍NW事業ではデジ

タルオブジェクト識別子（＝DOI）を導入した[11]。DOIは国際DOI財団（IDF）が運営する、識別子からデジタルオブジェクトが存在するURIに変換するサービスで、言わばパーマリンクの一種として検証可能性を担保する。これまでも研究成果（研究論文等）の記載に利活用されたが、古典籍の画像および書誌情報へのDOI付与は、いわば研究資源として古典籍画像が位置づけられたことを意味する。国文研は、日本で唯一のIDF登録機関（Registration Agency）であるジャパンリンクセンターの一般会員であり、新日本古典籍総合DBの古典籍画像には1点1点に原則全てDOIを付与している。DOI付与は研究データ保有機関（すなわち画像データを保有している機関）にのみ可能であり、今後は、すでに所蔵典籍の画像等を公開している各大学図書館へも参加も呼びかけ、研究資源として、DOIを付与した古典籍データの普及に取り組んでいかねばならない。

DOIはWeb上での閲覧請求番号のようなものであり、論文を読んだり、学会発表を聴いたりする人が容易にその論拠となる作品画像に辿り着くことが可能となるはずだ。いま様々な形で新日本古典籍総合DBから情報のみをスクレイピングしてポータルサイトを構築する動きもあり、情報の拡散としてありがたいが、DOIを明示してくれないと困るということを一言申しあげておきたい。研究資源として、このDOIを1つのIDとして位置づけており、その利用促進が、後継事業におけるデータ連携（データ駆動）を果たす上で重要な役割を担うからである。当館の取り組みに是非とも協力いただければと願う。

3-2-2　クリエイティブ・コモンズ・ライセンス

データを必要とする人にとって、より使いやすい環境はなにか。利用者、特に研究者からすれば、利用手続きが明確であるか否かであろう。画像が公開されても、いざ論文に引用する場合、許諾はどうなのか等々、戸惑うことも多い。ホームページの利用条件等の記述を確認した上で、許諾の書類提出などすることは、研究者にとって、はっきり言って煩多な作業だ。なおざ

りに成りがちである。この点、クリエイティブ・コモンズ・ライセンス[12]（CCライセンス）はWeb社会のための著作権に関するルールであり、既に世界的に認知される表示方法であった。流通しているこの表示法を採用し、可能な限り自由に利用可能な表示マークを推奨し、公開している。

　もちろん課題はある。古典籍は著作権の保護対象からはずれるから、パブリック・ドメイン（PD）として、自由に使用を認めるべきだというのである。ジャパンサーチ[13]では、CC0（著作権なし）、PD表記を用いつつ、「データ利用に当たってのお願い」として、「出典として、作者名の他、データ作成者、所蔵機関等を記載してください」と記載する方法（いわゆるお願いスキーム）がとられている。所蔵機関名はあくまでもお願いレベルとなってしまう。しかし、研究資料としての画像公開という点を考慮すれば、最低限、「BY」―どこに由来する資料であるかの表示は必須のものであり、簡便なリファレンスを可能とすべきだ。『源氏物語』といっても総て同じではない。元に辿れることが検証可能性を保証するものだからである。特定の1点について論じること、検証することがPDで出来るのだろうか。なによりも新DBで公開する古典籍資料の多くは、他機関所蔵の典籍である点に特徴がある。他機関の資料をWeb上で画像公開に漕ぎ着けるには並大抵なことではなく、その画像がどのように使われるかは、当館にとっても所蔵機関にとっても重大な関心事である。利用者の側が、著作権がないからという理由を前面にだすならば、その画像を作成している側の理屈もあるはずで、自身の機関の画像であることを表明したい、表明することで閲覧とか貸し出し申請などを増やしたい、見に来てほしいといった希望は考慮されなくて良いのだろうか。来館者数次第で図書館予算などどのようにも左右されるのと同様、アクセス数などは図書館の側からすれば、目に見えて所蔵典籍が役にたっている証しである。さらなる公開に向けてのモチベーションにも繋がるものだ。PDでは外に所蔵機関名も出ないこともある。ユーザーが原本資料に辿れるかも疑わしく、それを主張する限り、所蔵機関にとって公開するメリットが見いだし難しく、より多くの機関から画像公開を促すことには決して繋がらないだろう[14]。

CCライセンスの採用は、多少の不具合を承知の上で、国際的に通用しうる既存の表示法を借用したものであり、利用者もこのことを踏まえ、適切に利用して欲しい。過渡期の対処方法と理解いただいてもよいだろう。

3-2-3 IIIF（トリプルアイエフ）

国文研では、今後デジタルデータを取り巻く環境が変化しても、影響を受けることなくデータを公開できるよう、画像を原則 TIFF 形式で保管し（配信は JPEG 形式）、バックアップも適切に行っている。データの継続性に万全を期す所存だ。継続性を担保した画像を、デジタル画像へのアクセスを標準化し相互運用性を実現する国際的なフレームワークにあたる IIIF という規格で公開をしはじめ、現在では国内の多くの図書館もこの規格に倣っているようだ。DA に関する大きな難点の一つに、各地の DA が個別の方法で公開されてきたために、それぞれのサイトごとの利用法を学ばねばならず、使い勝手が悪かった。IIIF という世界標準での画像公開を果たすことで、同規格で公開される国内外の画像を自由に利用できる環境が整ったことになる。且つその画像の表示スピードの速さ、拡大縮小の自在さには目を見張るものがある。たとえば IIIF 対応ビューアを用いることで、各地で公開される資料の比較対照が容易に出来るし、コメントやタグを付けて共有することも可能となり、デジタル画像の研究利用の可能性が拡がったのである。

3-2-4 データの活用・書誌データの TEI 化

古典籍などの所蔵機関は、大切に保管し、閲覧においても貴重書として扱ってきた。そのためデジタル化を勧めてみても、館に来て見て欲しいという機関も多かった。目録をみて訊ねてきてくれる閲覧者を尊重したのである。たしかにそうした気持ちは大事だが、当方で主張し続けたことは「秘蔵は死蔵」、デジタルは減らないということだった。目録をみてという理屈も、今や各所蔵機関の目録の冊子を求めることは難しい。嵩張ることも嫌がられる時代である。国文研にデータ提供をしてくれる（載録許諾を与えてくれる）

ならばまだ良いが、そうはなかなかいかない。しかし、Japanese Woodblock Print Search[15]のように、個人の浮世絵サイトが画像を集め公開したことで、かえって世界的に浮世絵への興味が拡がったという一例もある。Web上に情報をながすことによって、現物を見たい衝動にかられるというのだ。最近になってようやく国文研へデジタル化の問い合わせも増えてきている。有り難いことだ。

　より一層ユーザーが使いやすいものにするには、書誌の構造化により、文書と典籍を1つの形で確認できるようにしなければいけないだろう。人文学分野の研究者は文書と典籍での書誌記述が異なることを当たり前と思うかもしれないが、理系の研究者で、アーカイブをどのように利用するかという視点をもつのは、典籍防災学など限られた範疇の研究者のみと言って良い。多くは最新の成果のみ注視している。そうした他分野の研究者からすれば、歴史の文書と古典籍とがなぜ書誌に関するデータ形式が異なるのか、なぜ違う入口からしか確認できないのか判らないというのだ。書誌データの構造1つ取ってみても、古文書、古典籍、明治以降の近代文献でそのルールが異なる。こうした書誌構造がバラバラであることは紙媒体の冊子ならそれなりに読み解き利用できたが、デジタルの世界では面倒この上ない。蔵書家の立場からすれば、自分は古典籍だけ、自分は古文書だけ、といった蒐集はしない。全体像を把握するときには各々のルールに基づき記載されたデータを読み取らねばならないとすれば、これは甚だ不便だ。そもそも書誌の分類も、後世になって付与されたものにすぎない。いずれにせよ、書誌の国際化(Text Encoding Initiative等の活用)、国際的にも通用する構造に落とし込むことが必要と考えるが、そのためには関係機関が集まってデータの流通を議論していく必要があり、そうした動きは既に起こりつつあるようだ。

4　コラボレーションとデータセット──字形データのオープン化

4-1　オープンであること（コラボと戦略）

　オープンデータであることは、DA事業にとって必須の条件となりつつある。古典籍を用いて何ができるのか、そのことを多くの研究者に問いかけるためには、何よりもその素材を提供することが必要となる。国文研の所蔵する古典籍の画像データ、書誌データ（一部テキストデータ等含む）を国立情報学研究所「情報学研究データリポジトリ（IDR）」から、「国文研古典籍データセット」として当初公開したのは将にそうした取り組みであった（のちCODHより公開）。データセットにすることでいろいろな発想が生まれる可能性を考えたのである。このデータセットをどう活用できるかを探るため、グループ単位でアイデアを出し合い、それをまとめていく参加型のイベント「歴史的典籍オープンデータワークショップ（アイデアソン）」も複数回実施した。こんなことが出来たらというアイデアを、他分野の研究者が実体にし、叶えてくれる。この事業に携わり、幾度となく経験できたのは幸いであった。アイデアソンから生まれたものの1つに、料理本『万宝料理秘密箱』を元にした江戸料理の復元[16]がある。現代に通用するレシピ化も行われ、江戸時代以前の書物への興味が拡がったことは記憶に新しい。そもそも日本の古典籍は、明治期に普及した活字体によるものと異なり、多くはくずし字や変体仮名によって書かれている。活字文化で育った世代にはほとんど判読できない、取っつきにくい代物だったが、料理という素材が軽くそうした障壁を飛び越えてくれたのである。

4-2　テキスト化とデータセット

　当初計画にあったテキスト化も忘れたわけではなく、歴史的典籍NW事業では「テキスト化実証試験」として取り組んだ。くずし字は、連綿体と言われるように、文字と文字とがつながっている場合も多く、OCRで読み込むには文字ごとに分解する必要がある。学習データを作成したが、切り出し文字

画像・座標データ・文字コードが一連のものとなる。これを作品毎にデータセットとしてダウンロード可能にしたのが「日本古典籍くずし字データセット」[17]だった。100万文字オープンデータ作成のきっかけは、字形データを見た情報学系の研究者の「画像処理の材料に使ってみたい」「大量にコンピュータに取り込み学習させておけばいずれ人工知能(AI)で解読できるのではないか」といった声だった。自分たちで公開しても、おそらく誰も利用しないので、情報系のCODHと協力し公開してもらった。その結果、理系や情報学系の研究者が自由に使うようになり、様々な取り組みが試みられたのである。われわれの思いもしないアルゴリズム(手順)も生まれつつある。この字形データを用いてAIくずし字認識アプリ「みを(miwo)」や史的文字データベース連携検索システムへの参画も出来たわけで、オープンデータの提供が様々な可能性を生みだしてくれた。私たち古典籍の研究者にしてみれば、デジタル時代になって、これまで以上に古典籍に注目が集まるというのは皮肉な現象にも感じられるが、同時に、とても喜ばしいことでもある。デジタルテクノロジーから最も縁遠いと考えられる日本文学研究が、今後は、大量のデジタルデータを駆使するなどの新しい方法、学問の形が出現しないとも限らない。理系・文系双方のリテラシーを備えた新しいタイプの研究者が生まれてきてほしいものだ。

5　課題の発見と今後

5-1　デジタル化とデジタル保存

新日本古典籍総合DB(歴史的典籍NW事業)を構築し、様々な異分野融合研究を推進した経験から、残された課題について些か述べてみたい。DA化が一定程度達成できたことは喜ばしいが、その先が実は問題なのである。公開が進むにつれて尤も考えなくてはいけない懸案が、「デジタル保存」である。「デジタル化(digitization)」と「デジタル保存(digital preservation)」は全くの別物であり、デジタル化を終えてのち、継続して保存、公開を維持して行くの

が実は一番難しい。継続的な保存および配信を考えてこそのDAでなくては
ならず、また発見に繋がるよう他機関との連携も見据えなければならない。
文字通りのWeb(蜘蛛の巣)化を果たしたDBとなり得るかがカギとなる。

　データは智恵・価値・競争力の源泉であり、単に存在すればいいものでは
ない。大量の質の高い信頼できるデータが相互に連携しあうことが大事だし、
信頼にたるデータであり続けること、配信し続けることが重要と認識する。
他機関所蔵の典籍について、公開を交渉し、了解を得て発信するデータは原
則オープンであり、ライセンスを無視し、加工されて別のサイトから公開さ
れることもありうる。そうした場合でも、データを製作し、データの質保障
をする機関として国文研は所蔵機関に対する信頼を担い続けねばならない。
エンドユーザの側からしても、提供されるデータについて、関係者の権利や
利害・関心の処理・対応が適切になされているか、という懸念・不安を払拭
されなくてはならないだろう。Web上に公開されている画像だからといって、
何でも自由にしていいものではあるまい。まだ充分にルール化されていない
点も多く、何らかのアクションがなされなくてはと思う。

5-2　既存の人文学分野との相互理解

　人文学諸分野においては、デジタル技術やデータサイエンス的知見の活用
に、取り組みはじめてからまだ日が浅い。この点を如何に他分野の研究者に
理解してもらえるかが苦心するところだ。いわば巨視的把握(フランコ・モ
レッティの言う「ディスタント・リーディング」)に成果を求めやすいDHは、
共起ネットワークなど様々な手法を紹介するが、微視的把握(細部にわたる
注釈的研究等)を中心に蓄積されてきた日本文学研究などの学問分野とどう
渡り合うのか。正直に申しあげれば、まだ両者はセッションすらしていない。
互いの「声」は聞こえているか？これも今後の課題である。

　報告「リスク社会」を挙げるまでもなく、人文学分野の閉鎖性はもう10年
以上前から指摘され続けてきた。外に開くことに対し、多くの学会は興味す
ら持ち合わせていないのが実情であろう。元々好事的で、学問として成立し

得ているかなどと、他分野の研究者からよく揶揄されてきたものだ。どう社会に貢献しているかに応えてこなかったし、それを潔しとしてきた面もある。人文学は大事だという主張とは裏腹に、人文学にも触れる「科学技術・イノベーション基本法」なども、全く学会で話題にすらなっていない。DHが既存の人文学との共存共栄を果たすならば、こうした学問分野に果敢に攻めていくべきで、互いに交流試合ならぬ合同学会を開催し、共振しうる場を成立させるべきであろう。人文系の学会からなにが求められているのか、なぜDHなのか。

　一方の既存の人文学の研究者も、与えられることに慣れすぎていないか。DAもそうだが、30万点を公開しても、国文研がするのは当たり前と考えている節すらある。大規模に予算を獲得し、事業として進めることに甚だ無関心だ。すこし厳しいかもしれないが、誰が作るのか、誰が維持するのか（予算獲得を含め）。いつまでも他人任せで良いのかと申しあげたいのである。束となっていく姿勢なしには、人文学の未来はないことを経験の中から申し述べて、本章を終えたいと思う。

　　附記　本章脱稿後、副題にある「新日本古典籍総合データベース」は、2023年3月1日
　　より国文研の「日本古典籍総合目録データベース」と統合され、新たなデータベース
　　「国書データベース」（https://kokusho.nijl.ac.jp）と名称・URLを変え、提供開始された。
　　その理念と3つの観点は、「新日本古典籍総合データベース」の理念と観点を踏襲し
　　たものとなっていることを附記しておく。

注
1)　国文学研究資料館「日本語の歴史的典籍の国際共同研究ネットワーク構築計画」
　　（https://www.nijl.ac.jp/pages/cijproject/）（最終アクセス：2022年10月18日）
2)　日本学術会議「学術の大型施設計画・大規模研究計画 —— 企画・推進策の在り
　　方とマスタープラン策定について」（https://www.scj.go.jp/ja/info/kohyo/pdf/kohyo-
　　21-t90-2.pdf）（最終アクセス：同上）
3)　日本学術会議「日本の展望 —— 学術からの提言2010」（https://www.scj.go.jp/ja/info/
　　kohyo/pdf/kohyo-21-tsoukai.pdf）（最終アクセス：同上）

4） 日本学術会議　人文・社会科学作業分科会「日本の展望——人文・社会科学から
　　の提言」(https://www.scj.go.jp/ja/info/kohyo/pdf/kohyo-21-tsoukai-1.pdf)(最終アクセス：
　　同上)

5） 日本学術会議　言語・文学委員会「言語・文学分野の展望——人間の営みと言語・
　　文学研究の役割」(https://www.scj.go.jp/ja/info/kohyo/pdf/kohyo-21-h-1-1.pdf)(最終アク
　　セス：同上)

6） マスタープラン2010「学術の大型施設計画・大規模研究計画のマスタープラン」資
　　料(https://www.scj.go.jp/ja/info/kohyo/pdf/kohyo-21-t90-2-2.pdf)(最終アクセス：同上)

7） 文部科学省　研究環境基盤部会　学術研究の大型プロジェクトに関する作業部
　　会「学術研究の大型プロジェクトの推進について(審議のまとめ)」(https://www.mext.
　　go.jp/component/b_menu/shingi/toushin/__icsFiles/afieldfile/2010/10/29/1298715_1.pdf)
　　(最終アクセス：同上)
　　ロードマップ2010「学術研究の大型プロジェクトの推進について(審議のまとめ)
　　——学術研究の大型プロジェクトの推進に関する基本構想「ロードマップ」の策定」
　　(https://www.mext.go.jp/b_menu/shingi/gijyutu/gijyutu4/toushin/1298714.htm)(最終アク
　　セス：同上)

8） 文部科学省科学技術・学術審議会 学術分科会「リスク社会の克服と知的社会の
　　成熟に向けた人文学及び社会科学の振興について(報告)」(https://www.mext.go.jp/b_
　　menu/shingi/gijyutu/gijyutu4/toushin/__icsFiles/afieldfile/2012/09/06/1325061_1.pdf)(最終
　　アクセス：同上)

9） 松原恵、小宮山史、山本和明(2018)「歴史的典籍NW 事業と江戸料理−企業
　　とのコラボの可能性と課題」『情報の科学と技術』68(6)(https://doi.org/10.18919/
　　jkg.68.6_285)(最終アクセス：同上)

10） 科学技術・学術審議会学術分科会　人文学・社会科学振興の在り方に関する
　　ワーキンググループ「人文学・社会科学が先導する未来社会の共創に向けて(審議の
　　まとめ)」(https://www.mext.go.jp/b_menu/shingi/gijyutu/gijyutu4/044/houkoku/1412891.
　　htm)(最終アクセス：同上)

11） DOI(https://www.doi.org/)(最終アクセス：同上)

12） クリエイティブ・コモンズ・ライセンス(https://creativecommons.jp/)(最終アクセ
　　ス：同上)

13） ジャパンサーチ(https://jpsearch.go.jp/)(最終アクセス：同上)

14） ちなみに、デジタルアーカイブジャパン推進委員会及び実務者検討委員会
　　「3か年総括報告書我が国が目指すデジタルアーカイブ社会の実現に向けて」では、
　　CC0、PD表記が推奨される。(https://www.kantei.go.jp/jp/singi/titeki2/digitalarchive_

suisiniinkai/pdf/r0208_3kanen_houkoku_honbun.pdf）（最終アクセス：同上）

15）　Japanese Woodblock Print Search（https://ukiyo-e.org/）（最終アクセス：同上）

16）　「江戸料理レシピデータセット」（http://codh.rois.ac.jp/edo-cooking/）（最終アクセス：同上）

　　　「万宝料理秘密箱 卵百珍」レシピ集（https://www.nijl.ac.jp/pages/cijproject/tamago-hyakuchin.html）（最終アクセス：同上）

17）　「日本古典籍くずし字データセット」（http://codh.rois.ac.jp/char-shape）（最終アクセス：同上）

第4章
大学図書館におけるDHと デジタルアーカイブ

西岡千文

1 はじめに

　本章では、デジタルアーカイブを中心として、大学図書館のDH(Digital Humanities)についての取り組みを述べる。

　旧来より、図書館と人文学の結びつきは深く、あらゆる学問分野の中で、人文学が図書館を最も重要としていることが指摘されている[1]。1990年代以降、ウェブ・情報技術の発展、続くDHの興隆に伴い、人文学の研究手法に広がりを見せている。そのような中、欧米の大学図書館を中心として、大学図書館は人文学研究者の支援者からパートナーへと変貌しようと、様々な取り組みを実施してきた。特に、米国では、大学図書館とDHが緊密に連携している[2]。

　取り組みとしては、所蔵する一次資料のデジタルアーカイブでの公開にはじまり、DHについての教育などが挙げられる。さらに、近年のオープンサイエンスの潮流では、研究過程で生じたあらゆる生産物をオープンにすることが推進されており、大学図書館は出版物に留まらず、研究データ等あらゆ

るメディアの生産物の公開・普及に取り組むことが期待されている。その中でも、一次資料へのアクセスを提供するデジタルアーカイブは、DHの重要な研究基盤の一つであり、1990年代後半以降、全国の大学図書館で構築が進んでいる。本章では、杉本[3]に倣い、デジタルアーカイブは「有形無形の資源をデジタル化して作ったデジタル資源やもともとデジタル形式で作られた資源を収集・蓄積・保存・提供するサービス、あるいはそのサービスのために組織化されたデータの集合体」とする。また、人文学と密接に関連する貴重資料等の一次資料を対象資源としたデジタルアーカイブに注目する。

　本章ではまず大学図書館がDHに取り組む動機について述べる。続いて、欧州で行われた調査を基として、大学図書館のDH取り組み状況を紹介する。さらに、DHを支えるデジタルアーカイブに関連する大学図書館の情報基盤について述べる。

2　大学図書館がDHに取り組む動機

　図書館と人文学は旧来より結びつきが深いが、図書館とDHのそれはさらに深いもののように窺える。ヴァンダーグリフト（Vandergrift, M.）ら[4]は、2011年のスピロ（Spiro, L.）のプレゼンテーション[5]で挙げられたDHに取り組む5つの目的（下記）に言及し、これらが、図書館が重要とする価値―アクセスと公共へのインパクト―と親和性が高いことを、図書館がDHに取り組む理由として示している。

　(1) 文化情報への幅広いアクセスを提供する
　(2) データの操作を可能にする
　(3) 学術コミュニケーションを変革する
　(4) 教育と学習を強化する
　(5) 公共にインパクトを与える

また、2000年代以降、図書館・人文学ともにその存在価値が批判にさらされてきたことも共通点として挙げている。図書館は、ウェブの誕生以降、「図書館はインターネットで何でも入手できる時代には不要になった」というフレーズに表されるように、その存在価値について疑問を抱く者も多い[6]。人文学についても、日本をはじめ欧米の大学も含めて人文学系の学部の閉鎖が続くなど、批判的評価にさらされている[7]。このような中、存在価値を示すための手段として、前述のDHの目的でも挙げられている「インパクト」が重要となる。

　英国の高等教育機関評価の枠組みであるREF 2021（Research Excellence Framework 2021）では、社会的・経済的・文化的インパクトの評価比率が前回のREF 2014よりも高く設定されている[8], [9]ことからもわかるとおり、「インパクト」の重要性は高くなっている。REF 2014で英・キングス・カレッジ・ロンドン（KCL）は高い評価を受けているが、その理由として、「デジタル研究リソースが評価されていること」、「DHが研究環境を強化すること」、「DHがインパクトを有すること」が挙げられている[10]。

　「インパクトが何か」については議論されているところである[11]が、REF 2021ではインパクトは「学術を超えた、経済、社会、文化、公共政策・サービス、健康、環境、または生活の質への影響、変化、または利益」とされている[9]。例として、REF 2021にKCLから成果として提出されたインパクトストーリー「文化遺産の世界の維持・開放：セクタを超えた文化的コラボレーションのためのデジタル能力の構築」[12]が挙げられる。このインパクトストーリーでは取り組みの一つとして、ルワンダにおけるジェノサイド後のガチャチャ裁判に関連する記録等のコレクションをデジタルアーカイブするプロジェクトが示されている。インパクトとして、ジェノサイドの否定と修正主義との戦い、およびルワンダの人々の間の和解にとって重要であることが述べられている。

　DHでは、研究者はウェブや情報技術のもつオープン性を研究に取り入れることによって、生産物の視認性を高めている。大学図書館は、研究者の生

産物を学術情報流通基盤に載せて普及することによって、発見可能性を高め、インパクトを与えることを支援できる。

　一方、図書館側もDHから恩恵を受けている。図書館では2000年代より積極的に資料のデジタル化に取り組んできたが「どうせGoogleにもある」というような批判を受けてきた[4]。このような企業による資料のデジタル化事業と差別化を図るための戦略として、図書館は資料についての専門知識を有する研究者と連携することで、資料の翻刻、注釈、可視化などの付加価値の収集・発信も行ってきた。コレクションにこれらの付加価値を与えた上で利用に供することで、先述の批判に対して反論の余地をもつことができる[4]。

　このように、大学図書館とDHにはwin-winの関係が観察されることが報告されている[13]。この関係の深さを表すように、これまでに大学・研究図書館協会(ACRL; Association of College & Research Libraries)のDigital Scholarship Sectionには、Digital Humanities Discussion Group[14]が、DHの国際的な学会連合であるAlliance of Digital Humanities Organizations(ADHO)には図書館・DH分科会(Libraries and Digital Humanities Special Interest Group)[15]が設置されている。

3　大学図書館のDH取り組み状況

　大学図書館のDH取り組み状況については、2010年以降、欧米を中心として、アンケートによる調査が実施されてきた。それらのうち比較的大規模かつ新しいものとして、欧州研究図書館協会(LIBER; Ligue des Bibliothèques Européennes de Recherche – Association of European Research Libraries)が、2019年2～3月にかけて実施したものが挙げられる。この調査結果はLIBERの季刊誌LIBER Quarterlyの掲載論文[16]としてまとめられており、活動、予算・体制、人材・スキル等の項目から構成される。この論文では、先行して行われた米国研究図書館協会(ARL; Association of Research Libraries)による調査結果等との比較も行われている。本節では、LIBERによる調査に基づいて、

大学図書館でのDHの取り組み状況を概観する。

　なお、LIBERの調査では、回答館54館のうち、大学図書館は35館（65%）であった。国立図書館など、本章が主な対象とする大学図書館以外の館種も含まれる。また、回答館のうち西ヨーロッパ・北ヨーロッパに位置する機関は71%であり、DHの活動が比較的活発である地域に偏っていることに留意しなければならない。

3-1　活動

　LIBERの調査項目は、図書館におけるDHの活動を、TaDiRAH（Taxonomy of Digital Research Activities in the Humanities）[17]で示されているDHのプロセスごとに尋ねている。TaDiRAHとは、DHの研究活動の用語とそれらに関連する方法を示すスコープノートを提供するものであり、日本語訳[18]も開発されている。なお、本項では調査結果がより詳細な調査報告書[19]を参照している。

　（1）キャプチャ（Capturing）、すなわち「現実世界の物体についてデジタル的な代用物を作成したり、既存の人工物をデジタル的な手法で表現したりすること」[18]については、80%が通常業務、16%の機関がアドホックな業務として取り組む。キャプチャのうち特に盛んな活動としては、資料のデジタル化を含むイメージング（Imaging）が挙げられている。

　（2）作成（Creating）は、「自身の貢献としてボーンデジタルなオブジェクトを作り出すことの成果を指す」[18]が、図書館ではあまり実施されていない。具体的な活動としては、ウェブサイトの作成、ユーザインタフェース等のデザイン、論文等の執筆、プログラミングが挙げられているが、アドホックに取り組まれることが多い。

　（3）拡充化（Enriching）は、「情報の起源、性質、構造、意味、要素を明示的

に記述するという形で、調査対象についての情報を注釈付けしたり、編集したり、整理したりする活動」[18]である。約3分の2の機関が、メタデータやキーワードの追加に通常業務として取り組むと回答している。マークアップの追加等を指す編集(Editing)については、約3分の1の機関が全く取り組んだことがないと回答している。

(4)分析(Analyzing)は、「データのコレクションからあらゆる種類の情報を調べ、反復する現象、単位、要素、パターン、グループ化などを発見する活動」[18]を指している。調査では、分析が最も取り組まれていない活動であることが判明した。分析の種別として、コンテンツ、ネットワーク、空間などが挙げられているが、可視化(Visualization)が最も取り組まれており、半数以上の機関が取り組む。

(5)解釈(Interpreting)は、「分析において観察された現象を説明し、原因を特定する行い」[18]を指す。メタデータの追加・拡充に代表される文脈化(Contextualization)については7割以上の機関が取り組む一方、モデリングや理論化については6割以上の機関が取り組んでいない。

(6)保存(Storing)は、「調査対象、調査結果、ソフトウェアやサービスまたはあらゆるメディアのデジタルコピーを長期間アクセス可能にする(アーカイブ化)行動」[18]とされる。識別子の割当、アーカイビング、データの組織化、長期保存のいずれについても、8割以上の機関が取り組むと回答している。

(7)普及(Disseminating)は、「調査対象、調査結果、ソフトウェアやサービスを同業研究者もしくはより広く一般に、おおよそ正式な方法で利用可能とする活動」[18]とされる。約半数の機関が通常業務として、約3割の機関がアドホックに、DHに関連する研究データ、ツール、論文の公開に関与してい

ると回答している。調査ではクラウドソーシングのプロジェクトも普及に位置付けられているが、約6割の機関が関与していないと回答している。

　(8)メタ活動(Meta-activities)については、30〜40%の機関が、コミュニティの構築、DHプロジェクトについてのコミュニケーション、プロジェクト管理、教育・学習を通じて、DH活動に定期的に関与していることが示されている。また、DHのプロジェクト評価について、5分の1が通常業務として、3分の1がアドホックに支援していると回答している。

　以上より、図書館はデータのキャプチャ、拡充化、保存について、特に活動を実施しているといえる。具体的には、資料のデジタル化、メタデータ、識別子の追加である。これは特に、大学図書館の「資料へのアクセスの提供」という基本的な役割に関連が深い活動であるといえ、デジタルアーカイブに直接的に関連する。論文[16]では、ARLによる同様の調査結果との比較が実施されているが、欧州と比較すると米国の図書館では分析が多く実施されていることが指摘されている。

　日本では、「令和3年度学術情報基盤実態調査結果報告」[20]によると、2020年度に資料のデジタル化を行った大学は国立大学で43大学(50%)、国公私立大学合計で192大学(24%)であることが報告されている。この中には図書や教材のみのデジタル化を行っており、本章が主な対象とする貴重資料のデジタル化を行っていない機関が含まれている。しかし、デジタル化の対象となった資料のうち貴重資料は50,243点であり、全タイトルの約7割を占めている。このことから、デジタル化を行っている大学の多くが、貴重資料のデジタル化に取り組んでいると推測される。

　近年、日本の大学図書館で貴重資料のデジタル化を推進する事業として、国文学研究資料館の「日本語の歴史的典籍の国際共同研究ネットワーク構築計画(歴史的典籍ＮＷ事業)」[21]が挙げられる。この事業では、柱として「日本語の歴史的典籍データベースの構築」、「国際共同研究ネットワークの構

築」、「国際共同研究の推進」が掲げられている[22]。そのうち、「日本語の歴史的典籍データベースの構築」では、日本の古典籍約50万点のうち、国文学研究資料館及び拠点大学等が保有する古典籍で、デジタル化が可能と見込まれるもの約30万点の画像データを作成し、画像データベースとして整備することが計画されている。

　この事業では、2020年度には約38,000点の資料がデジタル化されていることが報告されている[22]。よって、前述の「令和3年度学術情報基盤実態調査結果報告」では、2020年度に国公私立大学でデジタル化された貴重資料は50,243点と報告されているが、そのうちの多くが歴史的典籍NW事業に由来するといえる。

3-2　予算・組織

　LIBERの調査では、DHに関連する活動に使用する予算として、ほぼ全ての機関が基盤運営費を挙げた。DHに特化した予算が確保されていると回答した機関はわずか7%であった。同時に、多くの機関が、図書館または研究者に配分される研究助成を利用すると回答している。図書館が研究者と協働でDHに取り組むことの利点として、研究助成を得られる機会が増加し、新たな活動を模索できる機会が増えることが挙げられるだろう。なお、DHに関連するサービスについて利用料金を要求する図書館はほぼないことも明らかになっている。

　先述の通り、LIBERの調査において、DHに特化した予算が確保されていると回答したわずか機関は7%であったにもかかわらず、25%の機関がDHに特化したユニットが設置されていると回答している。ARLによる米国の調査では、2016年の時点で、デジタル研究（Digital Scholarship）の支援のためのユニットがあると回答した機関は59%にのぼり、11%がその計画があると回答している。図書館におけるDHの体系的な位置付けについては、米国がより進んでおり、DHを通常業務として取り組んでいるといえる。LIBERの調査では、DHのために物理的スペースを設けていると回答した機関は20%

であり、その利用目的は、教育が挙げられている。よって、ユニットが設置されていても、必ずしも物理的スペースを設けているとは限らない。

　日本の大学図書館では、データのキャプチャ(貴重資料のデジタル化)は行われているものの、DHに取り組む組織が設置されていることは少ない。DHに取り組む日本の大学図書館の組織として、東京大学附属図書館アジア研究図書館上廣倫理財団寄付研究部門(U-PARL)が挙げられる。U-PARLはミッションとして「人材育成と社会還元」、「デジタルリソース研究」等を挙げており[23]、SpiroによるDHに取り組む目的[5]との共通点が多い。その他の組織として、大学図書館に設置されている研究開発室が挙げられている。研究開発室はDHに特化しているわけではないが、OCR[24]、デジタルアーカイブの構築等DHに関連する研究開発が行われているケースが散見される。国立図書館に目を向けると、国立国会図書館には次世代システム開発研究室があり、次世代の図書館システムの開発に資する要素技術の実証実験を行うためのウェブサイトとしてNDLラボが設けられている。NDLラボはDHに特化しているわけではないが、デジタル化した資料の利活用を考えると人文学、特にDHの研究者が関わってくるとしている[25]。

　なお、DHが盛んに取り組まれている大学では、大学図書館ではなく、学科や研究科内のセンターとしてDHのためのユニットが設置されていることも多い。例えば、英・University College London(UCL)には、UCL Center for Digital Humanitiesが設置されており、図書館員が携わっている。

3-3　人材・スキル

　LIBERの調査では、図書館でDHを担う職名を尋ねている。合計145件の職名の回答があり、そのうち120件がユニークなものであった。ARLの調査では、合計230件の職名の回答があり、そのうち186件がユニークであった。LIBERの調査結果で最も多かった職名は、図書館員(Librarian)(8件)、デジタル研究図書館員(Digital Scholarship Librarian)(3件)、キュレーター(3件)であった。ARLの調査結果では、DH図書館員(Digital Humanities Librarian)

（6件）、GIS図書館員（GIS Librarian）（5件）、デジタルイニシアティブ図書館員（Digital Initiatives Librarian）（4件）、デジタル研究図書館員（4件）であった。どちらの調査でも、最も多かった職名の回答件数が少なく、職名に多様性があることが観察された。

　職名を単語で区切ると、LIBERの調査ではデジタル（32件）、管理者（Manager）（30件）、図書館員（26件）が最も使用されている単語であり、ARLの調査では、デジタル（105件）、図書館員（90件）が挙げられる。管理者については、データやコンテンツと共起していることが観察されている。また、LIBERとARLの両調査結果にて、管理職を表す単語（Head、Director、Dean）が比較的多く（LIBERで15件、ARLで41件）観察されている。これは図書館におけるDHならびにデジタル研究が組織における政策決定レベルのマターであることを示唆していると指摘されている。そして、ARLの調査では、GIS（地理情報システム）に関連する職名が多く観察されたのに対して、LIBERの調査では全くなかった。これは、3-1項でも述べているが、欧州の図書館は米国の図書館と比較すると、コンテンツの分析に積極的ではないということを表している。

　大学図書館がDHを推進するためには、従来求められなかったスキルが必要になってくる。LIBERの調査では、図書館のDHに関する目標に関連して、最もスキルギャップが存在する点について尋ねている。50機関中29機関が「技術的スキル」と回答している。3-1項で分析に取り組む欧州の図書館が少ないことが示されているが、技術的スキルの不足が要因として挙げられる。

　図書館とDHの結びつきを深くする要因として欧米では図書館での勤務がalt-ac（alternative academic）の一つとして存在することも挙げられている[4]。alt-acは、大学院の学位をもつ研究者の高等教育機関におけるフルタイムの教育・研究以外のポジションの総称とされ、その一つとして、図書館員がある[26]。研究者としての経験を有する図書館員（scholar-librarian）は特に新しいものではないが、図書館と教員の距離を縮め、デジタルの推進等の役割を担うことが期待されていると指摘されている。日本でも、大学図書館職員の

キャリアパスの検討の必要性は示されている[27]。実際に、東京大学アジア研究図書館では、サブジェクト・ライブラリアン[28]制度の確立と普及を目指して、試みを始動させている[28], [29]。このような動向に積極的に関与していき、DHにおける図書館員の役割と求められるスキルを提起していく必要がある。

4　大学図書館のDH基盤としてのデジタルアーカイブ

　3節の調査では、図書館が実施するDHについての活動は、「資料へのアクセスの提供」という基本的な役割に関連深いものが多いことが明らかになった。デジタルアーカイブは「デジタル資源（中略）を収集・蓄積・保存・提供するサービス」[3]であることから、「資料へのアクセスの提供」を実現する基盤として位置付けられる。求められる基本的な機能・性質としては、資料の公開・普及、保存と持続可能であることが挙げられる。さらに、DHの研究利用に資するためには、画像データの相互利用のための国際規格であるInternational Interoperability Image Framework（IIIF）等による公開されているデータの利用可能性の向上や、研究利用等での利活用の可視化が挙げられるだろう。

　本節では、資料の公開・普及、保存と持続可能性、利活用の可視化という観点から、大学図書館が提供するDH基盤としてのデジタルアーカイブについて探る。

4-1　資料の公開・普及

　学術情報基盤実態調査[20]では、デジタル化された資料の閲覧・検索方法の選択肢として、以下が与えられている。これらは、デジタルアーカイブの役割を担うシステムであるといえる。

　(a) 機関リポジトリ

(b) デジタルアーカイブシステム (機関リポジトリ以外)[30)]

(c) OPAC

(d) ディスカバリーサービス

(e) 学外サービス

(f) その他

　上記のうち、大学図書館が主だって管理・運営する基盤は (a)、(b)、(c) である。以下では、(a)、(b)、(c) についてそれぞれ述べる。「(d) ディスカバリーサービス」については、機関リポジトリや OPAC にデジタル資料のメタデータを登録していれば、検索可能になることが多い。「(e) 学外サービス」としては、歴史的典籍 NW 事業で構築されている新日本古典籍総合データベース[31)] などが挙げられる。

4-1-1　機関リポジトリ

　機関リポジトリは、大学とその構成員が創造したデジタル資料の管理や発信を行うために、大学がその構成員に提供する一連のサービスとされる[32)]。2005 年から国立情報学研究所 (NII) が最先端学術情報基盤整備 (CSI) の一環として次世代学術コンテンツ基盤共同構築に向けた委託事業を実施したことにより、機関リポジトリの構築と連携が急速に促進された。令和 3 年度学術情報基盤実態調査結果報告によると、過去 10 年間で、機関リポジトリを構築する大学は 171 校から 634 校に増加している。増加の要因としては、クラウド型サービスである JAIRO Cloud によって独力で構築・運用が難しい機関に機関リポジトリを設置することが可能になったこと、博士論文インターネット公開義務化において機関リポジトリの利用が原則とされたことが挙げられる。

　機関リポジトリで公開されているコンテンツは、日本では紀要論文が多い。しかし、資料の画像データも「大学とその構成員が創造したデジタル資料」に含まれることもあり、機関リポジトリで資料の画像データを公開する機関が

存在する。デジタルアーカイブの文脈において機関リポジトリに注目すべき点としては、「①コンテンツとメタデータを一つのセットに結びつけて収集・検索可能とし広く発信するという仕組みがリポジトリとともに普及したこと、②メタデータ付与の枠組みや基準が用意され整備されていったこと（Dublin Core, junii2, JPCOARスキーマ等）、③機関リポジトリの連携において、OAI-PMHプロトコルを用いたメタデータ・ハーベスティングがJAIROのような大規模ポータルサイトを可能にしたこと」が挙げられる[33]。

　また、「大学の学術資産という位置付けで他のコンテンツと共に機関リポジトリ上で公開することにより、公開ポータルを一元化できるというメリットがある」ことが指定されている[34]。日本の機関リポジトリではメタデータスキーマとしてJPCOARスキーマが採用されているが、JPCOARコンテンツ流通促進作業部会ではデジタルアーカイブ対応のためのスキーマの更新が検討されている[35]。

　さらに、機関リポジトリではDOI等の識別子の登録機関との連携が確立されていることから、機関リポジトリを通して識別子を取得している事例もみられる。NIIの『東洋文庫所蔵』貴重書デジタルアーカイブで公開されている資料は、情報・システム研究機構・データサイエンス共同利用基盤施設・人文学オープンデータ共同利用センター（CODH）の機関リポジトリである人文学研究リポジトリに134件の資料のメタデータを入力することによって、DOIを取得している[36]。

　以上より、機関リポジトリで資料のメタデータ（と画像データ）を公開するメリットとして、比較的設置が容易な点、メタデータの標準化やハーベストの枠組みが確立しており普及に優れている点が挙げられる。

4-1-2　デジタルアーカイブシステム

　1990年代後半より、大学図書館では所蔵する資料のデジタル化が行われてきたが、画像データの公開方法としてはコレクション単位や図書館単位で専用のウェブサイトを作成することが主流であった[34]。この方法では、

ウェブサイトごとにインタフェースの違いがあったり、コレクションごとの書誌項目の違いにより横断検索ができなかったりと、利活用の面では課題があった。

　DHの目的の一つとして「インパクト」を挙げられているが、大学図書館、ならびにその母体である大学にとっても「インパクト」を示すことは重要である。「インパクト」を創造するには、資料を公開するだけではなく、利活用されることが肝要である。DH基盤の一つであるデジタルアーカイブにも利活用が容易な形で資料を提供することが求められており、課題があった再利用可能性を向上させるために、技術面での実装が進んでいる。

　具体的には、データの相互利用可能性を高めるために、様々な規格が開発されている。その代表的なものとして、画像データの相互利用のための国際規格である International Interoperability Image Framework（IIIF）が挙げられる。IIIF は、画像データとそれに付随するメタデータ、注釈などのデータの相互利用を可能にするために API を規定している。2013年に最初の API が発表され、2016年に現在広く利用されている IIIF Presentation API と IIIF Image API のバージョン2.1が発表された。これらの API によって外部の機関が保有する画像データをサイト内で表示する方法が標準化され、元の画像を複製することなく閲覧が可能となった[37]。ジャパンサーチや Europeana のような統合ポータルサイトがより効果的なものになる。2020年には IIIF Presentation API と IIIF Image API のバージョン3.0が発表されている。バージョン3.0では音声データや動画データも扱えるようになり、利用のさらなる拡大が期待される。なお、IIIF は機関リポジトリや OPAC 等にも実装されているが、特にデジタルアーカイブシステムでの実装が進んでいることから、本項で扱った。

　DHでは機械学習の手法も多く使用されている。機械学習という観点からの IIIF の利点として「機械学習サービスに対する標準的な入力方法を提供し、画像認識や物体検出、OCR といった機械学習サービスの出力結果をアノテーション等の IIIF が定める共有データモデルで記述することにより、入力インタフェースが共通化され、画像等に対する機械学習サービスの効率的

な利用が実現できる」[38]ことが指摘されている。

　機関リポジトリやOPACと比較した際のデジタルアーカイブシステムの課題として、メタデータの標準や資料を普及させるためのハーベストの仕組みが整っていないことが挙げられる。メタデータの標準については、前述のとおりJPCOARスキーマの改訂が検討されており、デジタルアーカイブシステムでも利用が広まることが期待されている。ハーベストの仕組みについては、これからの学術情報システム構築検討委員会・システムワークフロー検討作業部会にて、機関リポジトリでのデジタルアーカイブの構築の有無に関わらず、学術機関リポジトリデータベース（IRDB）を経由して、NDLサーチ等へメタデータを流通させる枠組みが検討されている[39]。さらに、国際的な規格として、IIIF Discovery APIが発表されている。これは、OAI-PMHの後継規格と捉えられるResourceSync[40]に沿って開発されたものである。IIIFでは、IIIF準拠デジタルアーカイブのResourceSyncのベースURLのレジストリの開発なども検討されていることから、普及が期待される。

4-1-3　OPAC

　OPAC（オンライン蔵書目録）は、図書館が所蔵・契約する資料を検索することを可能とする。デジタル化されている資料の実物は図書館の書庫にあることから、OPACで資料を検索できることは自然なことである。2008年に公開された国立国会図書館の「書誌データの作成・提供の方針（2008）」[41]では、「電子情報資源も含めて、多様な対象をシームレスにアクセス可能にする。」ということが挙げられており、OPACからデジタルアーカイブや機関リポジトリ上の資料に容易にアクセスが可能となっているケースも多い。さらに、最近の図書館システムでは、デジタルアーカイブの機能（画像データ、メタデータの管理・表示）を有するものもある。

　九州大学附属図書館のWebサービスでは、デジタルアーカイブが九大コレクションという単一のシステムに統合されている[42]。コンテンツタイプが静止画である資料については、書誌ページに埋め込まれているIIIF準拠の

画像ビューワである Universal Viewer によって画像データが表示される。その他 Alma といった図書館システムが、デジタルアーカイブの機能を有している（図1）。

図1　Alma上でのデジタルコレクションの表示例[43)]

4-2　保存と持続可能性

　ここまで、大学図書館による自館の所蔵資料を対象としたデジタルアーカイブについて述べた。いずれのデジタルアーカイブも、長期的な保存・資料の提供を念頭に置いて運営されている。『デジタル人文学のすすめ』の「デジタル・ヒューマニティーズと教育」[44)]で赤間は、研究プロジェクトによって開発されたデータベースの持続可能性（サステナビリティ）について課題を提起しており、継続性の観点からデータベースを下記の3種類に分けている。

（1）文献目録や図書館のOPACなど、データの継続的な追加があり、網羅的で、しかも汎用性があり、恒常的なサポートが受けられるデータベース。

（2）あるまとまった資料群の目録やイメージデータなど、資料全体がデータベースに登載されれば、それ以上の追加がほとんど発生しないデータベース。

（3）プロジェクト型データベースで、研究が行われている間は、継続的な情報蓄積があるが、プロジェクトが終了してしまうと、データベース稼働維持すら難しくなるデータベース。

　上記のうち、（3）は「研究データベース」と呼ばれるものであり、持続可能性に課題があることが指摘されている。

　大学図書館では、（3）に代表される研究データベースを保存する試みがいくつか実施されており、データベースレスキュープロジェクト[45]にて報告されている。報告されているものの多くがデータを機関リポジトリへ移行する取り組みであるが、一部デジタルアーカイブシステムへデータを移行しているケースが見られる。

　デジタルアーカイブシステムへデータを移行しているケースとして、京都大学東南アジア地域研究研究所政治経済共生研究部門（貴志俊彦教授）が中心となって収集してきたアジア関係の絵葉書コレクションが挙げられる。このコレクションは、現在は京都大学図書館機構が運営する京都大学貴重資料デジタルアーカイブにて「絵葉書からみるアジア」[46]として公開されている。

　上記のようなデータの移行に際しては、もとのデータベースに実装されていた機能が失われることもある。海外の大学図書館では、エミュレータ等によって、ウェブで公開されたインタラクティブな形式のデータベースの保存を目的としたプロジェクトが実施されている。イェール大学図書館では、過去の電子図書館のコンテンツを、エミュレータによって閲覧可能にしている（図2）[47]。

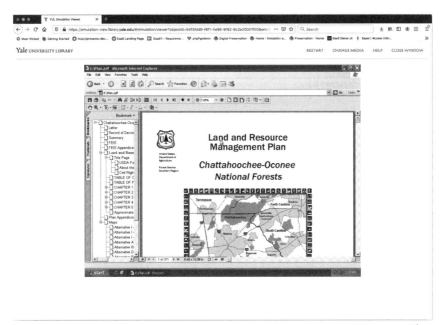

図2　イェール大学図書館エミュレーション・ビューワを利用した過去のコンテンツの閲覧[48]

　一方、前述の「デジタル・ヒューマニティーズと教育」[44]では、「研究デー
タベースは、研究の進展とともに、成長していかなければ、利用者が存在し
なくなる」こと、「データベース自体が研究を牽引してこそ価値がある」こと、
「データベースを運営していく後継ぎを育てることが必要となる」ことが指摘
されている。データの移行や、エミュレータ等によってデータベースを継続
的に稼働可能にする取り組みの他にも、検索システムの開発や教育への関与
によって、研究データベースと関心のある研究者を接続するような仕組み
づくりが必要だろう。2011年に発行されたARLの報告書シリーズSPEC Kit
では、研究プロジェクトの初期段階から図書館が携わることによって、プ
ロジェクトをより持続可能性のあるものにできることが指摘されている[49]。
以上より、分野や保存について専門性の有する図書館員が、教育や研究プロ

ジェクト初期から関与することによって、持続可能性向上に貢献することが
期待される。

4-3　利活用の可視化

　デジタルアーカイブで公開された資料の「インパクト」を示すためには、利
活用を可視化することが求められる。資料の利活用を表現するものとして、
引用データが挙げられる。

　デジタルアーカイブが対象としている一次資料(primary source)について
の引用データはほとんど整備されておらず、普及もしていない。一次資料
についての引用データのプロジェクトとして、Venice Scholar [50]が挙げられ
る。Venice Scholarはスイス連邦工科大学ローザンヌ校のデジタルヒューマ
ニティーズ研究所が主導するLinkedBooksプロジェクト内で開発が行われて
おり、一次資料・二次資料(secondary source)ともに対象とした引用データの
整備を通じて、ヴェネツィアに関連する文献を整理することが目的である。
Venice Scholarでは、一次資料を引用している一次資料ならびに二次資料の
一覧を閲覧することができる[51]。このような可視化を可能にするには、標
準に沿って引用データを整備することが必要となる。

　オープンな引用データの標準として、Peroniらによるオープン・サイテー
ションの定義[52]が挙げられる。この定義によると、引用データがオープン
である条件として、以下が挙げられている。

①構造的(機械可読なフォーマットで表現されていること)
②分離可能(引用元文献にアクセスしなくても、引用データを入手可能で
あること)
③オープン(再利用に際して制限がないこと)
④引用元・引用先となっている文献が識別可能(DOI等の永久識別子に
よって識別可能であること)
⑤引用元・引用先となっている文献が入手可能(識別子の利用により基本

的なメタデータを入手可能であること）

　この定義は引用データのオープン化を目的とした国際的なイニシアティブであるI4OC（Initiative for Open Citations）からも支持されている。これらの条件に沿って公開されている引用データは、識別子のペアによって表現される。例えば、注53は注54を引用しているが、この引用関係はそれぞれのDOIのペア、すなわち"10.11291/jpla.65.4_198, 10.24506/jsda.4.2_237"というように表現される。よって、一次資料の引用データを整備するためには、識別子の付与が求められる。

　国立国会図書館デジタルコレクション、国文学研究資料館が提供する新日本古典籍総合データベースでは、代表的な識別子であるDOIがタイトル単位で付与されている。DOIの主たる目的は永続的なアクセスを提供することであるが、その他の利点として利活用を認識しやすくなることがある。DOIの最大の登録機関であるCrossrefはCrossref Event Dataを提供[53], [55]しており、Twitter、Wikipediaやニュース記事でのDOIによる資料の言及が明らかになる仕組みを提供している。よって、文献、論文だけではなく、資料と社会のつながりを辿ることが可能になる。一方、識別はどのレベルで行われるべきなのか[54]、ということなどについて、コミュニティでコンセンサスは形成されていない。識別を行うレベルとして、例えば、オブジェクト（タイトル）単位、画像単位が考えられる。ベストプラクティスがまとめられることが必要となる。

5　おわりに

　本章では、大学図書館におけるDHの取り組みを概観した。最も盛んな取り組みとして、資料のデジタル化、メタデータの拡充などデジタルアーカイブの構築に関連が深いものが挙げられた。これは、図書館の従来から存在する役割である「資料へのアクセスの提供」を反映させたものであるといえる。

欧米の図書館では、資料データの分析にまで取り組むケースもみられ、研究支援の役割を果たしている。研究DX（デジタル・トランスフォーメーション）が推進される中、ますますデジタルアーカイブの構築をはじめとするDHの取り組みは重要となってくる。

デジタルアーカイブの機能を担う大学図書館の基盤として、機関リポジトリ、デジタルアーカイブシステム、OPACが挙げられる。これらの基盤ではそれぞれメタデータ流通が行われるが、DHの研究に資するデジタルアーカイブであるためには、IIIFといった国際標準を利用して画像データ等リソース本体の利活用可能性が高い必要がある。さらに、研究者と近い距離であることを活かして、研究の過程で生み出された翻刻や注釈といったマイクロコンテンツもTEIといった標準に沿ってデジタルアーカイブで公開していくことも期待される。デジタルアーカイブはDH研究者の成果発信チャネルの一つとなり、資料に付加価値を与えることになる。また、一次資料や多様な生産物に関連する引用データを整備し、資料の利活用を可視化することで、大学図書館は知識循環型社会において存在感を示すことができるだろう。

注

1)　Unsworth, J.（2011）「デジタル化と人文学研究」滝浪佑紀・永崎研宣訳『国際シンポジウム「デジタル化時代における知識基盤の構築と人文学の役割 ── デジタル・ヒューマニティーズを手がかりとして ──』（https://21dzk.l.u-tokyo.ac.jp/DHI/index.php?Unsworth）（最終アクセス：2022年5月30日）

2)　永崎研宣（2016）「大学図書館とデジタル人文学」『大学図書館研究』104, 1-10. https://doi.org/10.20722/jcul.1439

3)　杉本重雄（2011）「デジタルアーカイブへの期待と課題 ── コミュニティの違いを越えた知的資源の保存に向けて ──」『アーカイブズ』（45）, 36-40. https://www.archives.go.jp/publication/archives/wp-content/uploads/2015/03/acv_45_p36.pdf

4)　Vandegrift, M. & Varner, S.（2013）Evolving in Common: Creating Mutually Supportive Relationships Between Libraries and the Digital Humanities, *Journal of Library Administration*, 53（1）, 67-78. https://doi.org/10.1080/01930826.2013.756699

5)　Spiro, L.（2011）Why the Digital Humanities?（https://digitalscholarship.files.wordpress.

com/2011/10/dhglca-5.pdf)（最終アクセス：2022年5月31日）

6) Mackenzie, C.（2019）IFLA – the Global Voice of Libraries. *Synergy*, 17（1）. https://www.slav.vic.edu.au/index.php/Synergy/article/view/v171198

7) Fish, S.（2010）The Crisis of the Humanities Officially Arrives.（最終アクセス：2022年5月31日）（https://opinionator.blogs.nytimes.com/2010/10/11/the-crisis-of-the-humanities-officially-arrives/）

8) Chowdhury, G., Koya, K., & Philipson, P.（2016）Measuring the impact of research: Lessons from the UK's Research Excellence Framework 2014, *PLoS ONE*, 11（6）, e0156978. https://doi.org/10.1371/journal.pone.0156978

9) REF 2021. Detailed guidance on the REF 2021 results（https://ref.ac.uk/guidance-on-results/guidance-on-ref-2021-results/）（最終アクセス：2022年5月30日）

10) Tanner, S.（2015）3 reasons why REF2014 was good for digital humanities scholars（http://simon-tanner.blogspot.com/2015/02/3-reasons-ref2014-was-good-for-digital.html）（最終アクセス：2022年5月30日）

11) Belfiore, E.（2015）'Impact', 'value' and 'bad economics': Making sense of the problem of value in the arts and humanities, *Arts and Humanities in Higher Education*, 14（1）, 95-110. https://doi.org/10.1177/1474022214531503

12) REF 2021. Sustaining and Opening-Up a World of Cultural Heritage: Building Digital Capacity for Cross-Sector Cultural Collaboration, Impact case study database（https://results2021.ref.ac.uk/impact/b3e7b199-8172-484d-9828-3e330b26e4bf）（最終アクセス：2022年10月19日）

13) Alexander, L., Downing, K., Gomis, M., Maslowski, E., & Case, B.（2014）Librarians and Scholars: Partners in Digital Humanities, *EDUCAUSE Review*.（https://er.educause.edu/articles/2014/6/librarians-and-scholars-partners-in-digital-humanities）（最終アクセス：2022年5月25日）

14) DSS Digital Humanities Discussion Group（https://www.ala.org/acrl/dss/acr-dssdgdh）（最終アクセス：2022年5月29日）

15) Libraries and Digital Humanities Special Interest Group（Lib&DH SIG）（https://adholibdh.github.io/）（最終アクセス：2022年5月29日）

16) Wilms, L.（2021）Digital Humanities in European Research Libraries: Beyond Offering Digital Collections, *LIBER Quarterly: The Journal of European Research Libraries*, 31（1）, 1-23. https://doi.org/10.18352/lq.10351

17) TaDiRAH（https://www.tadirah.info/index.html）（最終アクセス：2022年5月31日）

18) TaDiRAH - 日本語版（https://github.com/dhtaxonomy/TaDiRAH/tree/master/jpn）（最終

アクセス：2022年5月31日）

19) Wilms, L. et al. (2019) Europe's digital humanities Landscape: a study from LIBER's digital humanities & digital cultural heritage working group, Zenodo. http://doi.org/10.5281/zenodo.3247286

20) 文部科学省 研究振興局参事官(情報担当)付 (2022)「令和3年度学術情報基盤実態調査結果報告」(https://www.janul.jp/sites/default/files/2022-03/jittai_r03kekka.pdf)（最終アクセス：2022年5月30日）

21) 国文学研究資料館.日本語の歴史的典籍の国際共同研究ネットワーク構築計画（歴史的典籍NW事業）(https://www.nijl.ac.jp/pages/cijproject/)（最終アクセス：2022年5月31日）

22) 大規模学術フロンティア促進事業 日本語の歴史的典籍の国際共同研究ネットワーク構築計画(https://www.nijl.ac.jp/pages/cijproject/images/overview.pdf)（最終アクセス：2022年5月25日）

23) 東京大学附属図書館アジア研究図書館上廣倫理財団寄付研究部門(http://u-parl.lib.u-tokyo.ac.jp/ja/about-ja)（最終アクセス：2022年5月28日）

24) 九州大学附属図書館 (2020)「[2019/2020] 九州大学附属図書館研究開発室年報表紙奥付等」(http://hdl.handle.net/2324/4061012)（最終アクセス：2022年5月31日）

25) 川島隆徳・丹治美玲 (2015)「NDLラボの取り組みとデジタルヒューマニティーズ」『研究報告人文科学とコンピュータ(CH)』2015-CH-106 (10), 1-3. http://id.nii.ac.jp/1001/00144402

26) Inside Higher Ed. Defining Terms(https://www.insidehighered.com/advice/2013/05/22/essay-defining-alt-ac-new-phd-job-searches)（最終アクセス：2022年5月30日）

27) 科学技術・学術審議会 学術分科会 研究環境基盤部会 学術情報基盤作業部会.大学図書館の整備について（審議のまとめ）——変革する大学にあって求められる大学図書館像—— 2. 大学図書館職員の育成・確保, 文部科学省(2010年12月)(https://www.mext.go.jp/b_menu/shingi/gijyutu/gijyutu4/toushin/attach/1301610.htm)（最終アクセス：2022年5月30日）

28) 【受付終了】アジア研究図書館研究開発部門教員公募(サブジェクト・ライブラリアンの配置について)(https://www.lib.u-tokyo.ac.jp/ja/library/asia/news/20201019)（最終アクセス：2022年5月30日）

29) 【終了しました】U-PARLシンポジウム：むすび、ひらくアジア4「サブジェクト・ライブラリアンの将来像」(http://u-parl.lib.u-tokyo.ac.jp/archives/japanese/mh4)（最終アクセス：2022年5月30日）

30) 学術情報基盤実態調査(注19)では、「デジタルアーカイブ(機関リポジトリ以

外）」と記載されている。1節で定義されたデジタルアーカイブと区別するために、本章ではデジタルアーカイブシステムとする。デジタルアーカイブは「有形無形の資源をデジタル化して作ったデジタル資源やもともとデジタル形式で作られた資源を収集・蓄積・保存・提供するサービス」を指し、デジタルアーカイブシステムは「デジタル化された資料に特化して資料の収集・蓄積・保存・提供を行う独立したシステム」とする。

31）　新日本古典籍総合データベース（https://kotenseki.nijl.ac.jp/）（最終アクセス：2022年5月25日）

32）　クリフォード・リンチ（2003）「機関リポジトリ：デジタル時代における学術研究に不可欠のインフラストラクチャ」『ARL リポート』226. https://www.nii.ac.jp/irp/archive/translation/arl/

33）　国立大学図書館協会　学術資料整備委員会　デジタルアーカイブWG（2019）「大学図書館におけるデジタルアーカイブの利活用に向けて」（https://www.janul.jp/sites/default/files/sr_dawg_report_201906.pdf）（最終アクセス：2022年5月25日）

34）　木越みち（2008）「貴重資料の機関リポジトリ公開時におけるメタデータ基準についての一研究」『資料組織化研究-e』56. https://creativecity.gscc.osaka-cu.ac.jp/TS/article/view/575

35）　瀬川結美（2022）「JPCOAR スキーマデジタルアーカイブ対応方針」『第6回学術コミュニケーションセミナー（月刊JPCOAR）』https://doi.org/10.34477/0002000152

36）　国立情報学研究所 - ディジタル・シルクロード・プロジェクト　『東洋文庫所蔵』貴重書デジタルアーカイブ（http://dsr.nii.ac.jp/toyobunko/news/#20170727）（最終アクセス：2022年5月30日）

37）　大向一輝（2020）「ジャパンサーチの経緯と文脈」『デジタルアーカイブ学会』4（4）, 329-332. https://doi.org/10.24506/jsda.4.4_329

38）　中村覚（2019）「イベントレポート「IIIF2019カンファレンス参加記」」『人文情報学月報第96号』（https://www.dhii.jp/DHM/dhm96）（最終アクセス：2022年5月31日）

39）　これからの学術情報システム構築検討委員会　システムワークフロー検討作業部会(2021) これからの学術情報システムのメタデータ収集・作成方針について（2021）【案】（https://contents.nii.ac.jp/sites/default/files/korekara/2022-02/korekara_sw20220218.pdf）（最終アクセス：2022年5月25日）

40）　林豊（2015）「CA1845-ResourceSync：OAI-PMH の後継規格」『カレントアウェアネス』（323）. https://current.ndl.go.jp/ca1845

41）　NDL の「書誌データの作成・提供の方針（2008）」（https://current.ndl.go.jp/node/7844）（最終アクセス：2022年5月25日）

42）　林豊・泉愛・兵藤健志・野原ゆかり・芦北卓也・堀優子(2018)「九州大学附属図書館 Web サービスのリニューアル(2017年度)」『九州大学附属図書館研究開発室年報』2017/2018, 18-25. https://doi.org/10.15017/1935832

43）　https://knowledge.exlibrisgroup.com/Alma/Product_Documentation/010Alma_Online_Help_(English)/Digital_Resource_Management/030Delivery/010Viewer_Services#The_New_Alma_Viewer(最終アクセス：2022年10月18日)

44）　赤間亮(2013)「デジタル・ヒューマニティーズと教育—人材育成の必要性とデジタルアーカイブのサスティナビリティー」『デジタル人文学のすすめ』楊暁捷・小松和彦・荒木浩編, 勉誠出版, 189-204.

45）　データベースレスキュープロジェクト：2019年度の活動とレスキュー事例(https://jpcoar.repo.nii.ac.jp/records/237)(最終アクセス：2022年5月31日)

46）　絵葉書からみるアジア(https://rmda.kulib.kyoto-u.ac.jp/collection/asia-pc)(最終アクセス：2022年5月30日)

47）　Yale University Library. Yale Library Emulation Viewer: Home(https://guides.library.yale.edu/emulation-view)(最終アクセス：2022年5月30日)

48）　https://campuspress.yale.edu/borndigital/2020/11/05/introducing-the-yul-emulation-viewer/(最終アクセス：2022年10月18日)

49）　ARL.（2011）SPEC Kit 326: Digital Humanities. https://publications.arl.org/Digital-Humanities-SPEC-Kit-326

50）　Venice Scholar Index(https://venicescholar.dhlab.epfl.ch/)(最終アクセス：2022年5月28日)

51）　https://venicescholar.dhlab.epfl.ch/results#details=595fb4acfe76834ac0f6c060&rT=monographies&type=citing&refcat=&refid=(最終アクセス：2023年4月14日)

52）　Peroni, S. & Shotton, D.（2018）Open Citation: Definition, figshare. https://doi.org/10.6084/m9.figshare.6683855.v1

53）　時実象一（2020）「デジタルアーカイブにおける DOI などの永続的識別子の利用(後編)」『薬学図書館』65（4）, 198-204. https://doi.org/10.11291/jpla.65.4_198

54）　時実象一（2020）「[C42] デジタルアーカイブにおける DOI などの永続的識別子の利用」『デジタルアーカイブ学会誌』4（2）, 237-240. https://doi.org/10.24506/jsda.4.2_237

55）　Crossref. Event Data(https://www.crossref.org/services/event-data/)(最終アクセス：2022年5月28日)

第5章

史料をデータとして考える

山田太造

1　はじめに

　2021年3月より、データ活用社会創成プラットフォームmdxが東京大学柏Ⅱキャンパスにて稼働を開始した。9大学2研究所(北海道大学、東北大学、筑波大学、東京大学、東京工業大学、名古屋大学、京都大学、大阪大学、九州大学、国立情報学研究所、産業技術総合研究所)を共同研究基盤の構成機関とし、東京大学基盤センターが統括している。注1、注2には、mdxは、

> 用途に応じてオンデマンドで短時間に構築・拡張・融合できるデータ収集・集積・解析機能を提供するプラットフォーム

を目指していることが明記されている。想定されている利用方法として、

> データレポジトリとして利用:高性能計算環境は用いず、分野データプラットフォームや、共通データを閲覧、検索、ダウンロードする。
> 大規模データ処理・高性能計算機として利用:分野データプラットフォームが提供するデータ、共通データ、自分で持ち込んだデータを高性能計算環境を用いて処理し、データマイニング、機械学習、シミュレーションなどを行う。大規模データセットを用いた機械学習や多数のデータセットを連携したデータ処理を促進する。
> プラットフォームホスティング環境として利用:分野データ整備やそのためのデータプラットフォーム構築をmdx上で行う。分野データプ

ラットフォームの将来に渡る継続性とスケーラビリティを確保する、複数のデータを連携させた処理を促進する。

が挙げられている。これまで、このような大型計算機は、材料科学・工学自然科学に関するデータ、各種センシングデータ、といった大規模にデータを収集・蓄積・解析していくなどのビッグデータ分析での利活用等で語られることが多く、人文学に関わるデータに言及されることはなかった。2021年4月1日に施行された「科学技術・イノベーション基本法」3)において、

　　人文科学を含む科学技術とイノベーションの創出の一体的・総合的な振興

と表現されたことにより、人文学も科学の一分野として定義された。2021年3月26日に閣議決定された「第6期科学技術・イノベーション基本計画」4)では、

　　自然科学のみならず人文・社会科学も含めた多様な「知」の創造と、「総合知」による現存の社会全体の再設計、さらには、これらを担う人材育成が避けては通れない

とあり、さらに、

　　人文・社会科学の研究データの共有・利活用促進するデータプラットフォームについて、2022年度までに我が国における人文・社会科学分野の研究データを一元的に検索できるシステム等の基盤を整備するとともに、それらの進捗等を踏まえた2023年度以降の方向性を定め、その方針に基づき人文・社会科学のデータプラットフォームの更なる強化に取り組む

と明記されたことから、"人文科学"における研究データも他分野のデータのように、収集・蓄積・解析しうる環境整備が不可欠になった。mdxにおいても、注2にて「多様な学際領域における共創(cross-disciplinary research collaborations)」を目的としていることが明記されており、人文科学データもその対象範囲であると考えられる。

東京大学未来社会協創本部によるデータプラットフォームイニシアティブ登録プロジェクト5)は、東京大学におけるデータプラットフォームに関する様々な教育・研究プロジェクトをカテゴリ別に分類し、可視化及び発信を行っている。「データ活用共通基盤(1.)」と「データ活用社会とデータ駆動科学(2.)」の2つの大項目に分けている。「データ活用社会とデータ駆動科学(2.)」では「材料科学(2.1)」、「環境・エネルギー(2.3)」、「地理空間情報(2.5)」、「防災・復興知(2.7)」、「宇宙科学(2.9)」といったビッグデータ分析の文脈でしばしば取り上げられる研究分野が並ぶなか、項目2.15として「人文学」が設けられており、2022年5月時点では、7つのプロジェクトが登録されている。このようなデータ駆動科学やデータサイエンスといった流れから、異分野融合や総合知といった文言で彩られるように、研究としてのアウトプットや研究環境の変化が求められている。

人文学においてもこれに呼応する動きがある。その1つが日本学術振興会は「人文学・社会科学データインフラストラクチャー構築推進事業」6)(以下、DI事業)である。DI事業は2018年度より開始しており、人文科学・社会科学研究に係るデータを分野や国を超えて共有・利活用する総合的なシステムを構築することを目的としている。2018年度は社会科学に関する4拠点(東京大学社会科学研究所附属社会調査・データアーカイブ研究センター、一橋大学経済研究所、慶應義塾大学経済学部附属経済研究所パネルデータ設計・解析センター、大阪商業大学JGSS研究センター)が、2019年度には人文学拠点(東京大学史料編纂所)が参画した。DI事業の一環として、人文学・社会科学分野データのメタデータの一括検索可能にする「人文学・社会科学総合データカタログJDCat」(Japan Data Catalog for the Humanities and Social

Sciences)[7] を2021年7月に公開し、2021年11月より本格的に運用を開始している。

　本章では、東京大学史料編纂所(以下、史料編纂所)がDI事業にて実践している取り組みを含めた、史料データを収集・管理し、利活用していくための方法、および、実例を述べる。

2　史料データの収集と管理

　注6にあるように、DI事業は構築推進センターのもとで本事業の企画立案・推進、関係機関間の連絡調整、外部連携等を担っている。国立情報学研究所はこの事業の中核機能支援機関として位置づけられており、JDCatの運営を含む情報技術支援を行っている。JDCatで管理・共有するデータは各拠点機関から提供される。各拠点機関は前述の5機関である。史料編纂所は東京大学大学院人文社会系研究科次世代人文学開発センター人文情報部門と連携しDI事業における唯一の人文学拠点として選定されている。拠点機関は注8に示されている"拠点機能の強化"をミッションとしており、即ち、ア．データアーカイブ機能の強化(共有化)、イ．海外発信・連携機能の強化(国際化)、ウ．データ間の連携を可能にする環境の整備(連結化)がそれに当たる。

　イ．では、英訳化された日本史に関わるデータの発信を行っている。具体的には、幕末維新史に関わる史料編纂所のデータベース「維新史料綱要」英語版の公開である(図1)。この公開は2020年12月に行った。このデータベース全体の英訳化は断続的に現在も続けており、データ更新も行っている。英訳化、ならびに、歴史用語・史料用語の英訳グロッサリー開発は、史料編纂所において2019年度から開始した「維新史料研究国際ハブ拠点形成プロジェクト」により行われており、その成果をDI事業にて公開している。

図1　維新史料綱要データベースの英訳化

　ウ．では、ウェブAPI（Application Programming Interface）を介した史料
に関わるデータの配信・共有方式の実現を行っている。具体的には、IIIF
（International Image Interoperability Framework）[9]を用いた史料画像の配信、お
よび、他機関連携による文字データ連携検索システムの構築である。前者と
して、IIIF Presentation APIを用いた史料画像配信、および、史料画像ビュー
アの構築を行った（図2）。これにより、画像そのものの閲覧だけではなく、
史料のメタデータや利用許諾条件を確認することが可能になった。後者とし
て、奈良文化財研究所（以下、奈文研）とともに構築した文字データ連携検
索システムである「史的文字データベース連携検索システム」[10], [11]が挙げ
られる。奈文研と史料編纂所は、くずし字連携システム「『電子くずし字字
典データベース』『木簡画像データベース・木簡字典』連携検索」を2009年10
月に開始した。運用を10年経過した際に、奈文研との協議を行い、セマン
ティック・ウェブ等のウェブ技術の組み込み、くずし字データの二次利用の

促進、他機関の参画などを課題が挙がった。これらを解消すべく、新たな連携検索システムとして史的文字データベース連携検索システムを2020年10月に公開した。史的文字データベース連携検索システムは、奈文研・史料編纂所だけでなく、国文学研究資料館・国立国語研究所・京都大学人文科学研究所・台湾中央研究院との共同により構築した。文字データはオープンデータ（クリエイティブ・コモンズCC BY-SA相当）として提供されている。史的文字データベース連携検索システムはポータルサイトとして機能しており、各機関にて構築したウェブAPIを介して文字データの検索、および、検索結果提示をサービスしている。

　ア.では、史料データの長期保存・長期利用するためのシステム環境整備を行っている。本節では、史料編纂所による史料の収集・デジタル化・登録といった史料データを公開するまでのフローやフローの管理等の取り組みについて述べる。

図2　IIIF Presentation APIを利用した史料画像ビューア（Mirador2の利用）

2-1　史料の収集

　1869年に「六国史御編修云々御決議ニ相成候」(明治2年2月 国史編修につき弁事宛学校伺書(「太政類典」1編42巻))との指示を得たことにより、同年3月20日、旧和学講談所に史料編輯国史校正局が開局された。翌4月、明治天皇は三条実美に宸筆の勅書(明治二年四月 国史編修につき三条実美宛明治天皇宸翰(史料編纂所所蔵))を下し、同局の総裁に任じている[12]。これにより明治の史料編纂事業が開始した。現在の史料編纂所に相当する史料編輯国史校正局により、1880年代に開始した史料採訪(史料調査および収集)により、大量の古文書・古記録といった史料が地方に伝来することが認識された。史料採訪は1885年より本格化し、現在までの約140年間にわたり、組織的かつ系統的に継続して行ってきた。年間、約50件(約200史料群)をその対象にしている。この調査結果をもとに、史料編纂所は『大日本史料』をはじめとする史料集編纂・出版を行っている。史料編纂所は研究材料としての史料の収集・精確な読解・史料批判を歴史学研究の基礎として位置づけており、これらを重視してきた。当初は、影写(敷き写し)や謄写(見取り写し)といった写本の作成を行っていた。写本ほどの点数はないものの、ガラス乾板を用いた撮影も行っていた。1950年になるとフィルムを用いた写真機の導入を開始した。しかしながら、簡易に持ち運びできないことから、史料を借り、史料編纂所内で撮影していた。1970年にマイクロカメラが登場したことから、調査先での撮影が可能になった。マイクロフィルム(図3)を媒介として史料を収集し、印画紙(CH紙)に焼き、それを体系的にまとめることで写真帳を作成する。作成した写真帳は史料編纂所内の書庫に配架した。主に研究者を対象としてこれを共有することで、日本史学の発展や深化に大きく寄与してきた。この史料の共有方式は2010年まで行われた。この活動を通じて築き上げてきた、日本史史料コレクションとも言うべき史料編纂所所蔵史料の概要は次のとおりである(2016年3月31日時点)。

・史料(原本・写本類)　200,355点

国宝1件、重要文化財17件、特殊蒐書63件及び貴重書を含む
・本所作成史料　117,875点
　　影写本 7,105冊、謄写本 22,705冊、写真帳(レクチグラフを含む)45,872
　　冊、台紙付写真23,222点など
・フィルム類(複製本を含む)66,990点
　　マイクロフィルム49,924リール、シートフィルム8,066タイトル、乾板
　　9,000枚

　CH紙が2008年に生産を中止したことから、収集手法の変更を余儀なく
された。デジタルカメラの利用がそれにあたり、2008年頃から試験的に、
2010年から本格的に導入した。現在もこの方式を用いている。

図3　マイクロフィルム配架の様子(史料編纂所書庫内にて。マイクロフィルムの情報もHi-CATで
検索することが可能)

2-2　史料のデジタル化

　2008年頃、史料編纂所の建物の一部について耐震工事が企画されていた。
その範囲には書庫が含まれていた。写真帳や写本を利用するのが困難になる
と予想されたことから、写真帳作成の素材であるマイクロフィルムのスキャ
ニングを行い、デジタル画像を作成することに決めた。また、写本もマイク
ロカメラで撮影していた(2000年前後に撮影)。所蔵史料のうち原本を対象

に、デジタルカメラ撮影を開始した。このようにして、史料編纂所では日本史研究における研究素材である史料のメインとなる共有方式を、紙からデジタルへシフトしていった。2015年、国内機関が所蔵する史料（史料編纂所による史料採訪分）に関するマイクロフィルム8,654リールのスキャニングを終えた。海外機関が保有する日本関係史料のマイクロフィルム2,739リールもスキャニングした。マイクロフィルムのデジタル化における主な仕様は次のとおりである。

・圧縮形式はJPEGとする。
・解像度は400dpiとする。
・入力サイズはA3フィルム上のフルフレームで入力する。
・256階調（8ビットグレイスケール Gray Gamma2.2）

　マイクロフィルムのスキャニング、および、デジタルカメラ撮影により、2022年3月、史料編纂所画像リポジトリには2,000万点を超える史料画像（内、史料編纂所所蔵史料約960万点、他機関所蔵史料約1,100万点）を蓄積するに至った。史料編纂所所蔵史料の史料画像は、主に史料編纂所歴史情報処理システム（Shiryohensan-jo Historical Information Processing System; SHIPS）のデータベース検索サービス（SHIPS DB）におけるHi-CAT（史料編纂所所蔵史料目録DB）を介して提供している。また、一部ではあるが、採訪史料の画像を、SHIPS DBにおけるHi-CAT Plusにより2020年3月より公開している。

2-3　史料画像公開のフロー

　史料収集の方法の変更は、マイクロカメラからデジタルカメラへの機材の変更のみならず、撮影後の管理にも影響を与えた。マイクロカメラ撮影であれば、マイクロフィルムという物理媒介により収集した史料が管理されていた。紙焼き分もマイクロフィルムの番号とコマ番号で識別できた。マイクロフィルムに対して、撮影年月日・撮影対象史料・場所（機関等）・撮影者など

を記すことで史料採訪の実態を掴むことができた。また、現像したマイクロフィルムや紙焼きなどにより、撮影から写真帳編成までのどの段階にあるのかを把握することができた。デジタル画像、カメラ撮影分やマイクロフィルムスキャニング分、ではどうであろうか。デジタル画像であることから、画像リポジトリへ登録し、データベース等から呼出す方式さえ整っていれば万事解決であろうか。

　デジタル画像を扱う上での課題として、ファイル名・パスの変更・置き換え・削除、画像スペック、利用条件等への対応が挙げられる。2007年、史料編纂所はすでに画像リポジトリを有していた。一部の所蔵史料画像、および、『大日本史料』など史料編纂所による基幹史料集の版面画像が格納されており、データベースから配信していた。しかしながら画像リポジトリ内にはデータベースとは紐付かない画像が存在していた。また、SHIPS DBの電子くずし字字典で切り取った文字画像と関連しない史料画像が提示されるなどの問題があった。後者は、ファイル名・パス名は同一ながら別の史料画像にすり替わってしまったことで生じていた。再撮影などにより再度アップロードにともなった画像削除や、格納していた史料の識別子が変わったことによる画像ファイルパス変更などが原因だった。また、画像リポジトリ上に、なんの史料であるか、いつ誰によって格納されたのかが不明な史料画像が存在していた。さらに、2次利用を含む史料画像のウェブ公開における影響を検証していなかった。

　マイクロカメラからデジタルカメラへの史料収集方法の変更の際、これらの課題を踏まえつつ史料画像を公開していくまでのフローを確立していくことを決めた。このフローを図4に示す。このフローは、史料画像公開までを史料編纂所の全教職員が関わりながら進めていく組織的な取り組みとしてモデル化している。この流れに従って処理された画像のみが、永続的な管理・共有されていく対象になる。さらに、デジタルカメラでの撮影方法、画像仕様等についても規約化を進めた。また、マイクロフィルムのスキャニングによるデジタル画像もこのフローのもとで行われる。"史料採訪"の代わりに

スキャニングを当てはめることで実現している。このモデル化や規約化には2年をかけて進め、2010年に試行し、2011年より本格的に導入した。ウェブでの史料画像利用を促進するため、2019年に史料編纂所所蔵史料画像の利用条件(史料編纂所が所蔵する原本等の史料画像データはオープンデータ(CC BY相当)、史料編纂所出版物の版面画像はCC BY-NC-SA)[13]と設定し、2020年の宮内庁書陵部図書寮文庫所蔵史料(伏見宮家本・九条家本)画像公開[14]を契機に、他機関所蔵史料の画像についても利用条件を整理してきた。

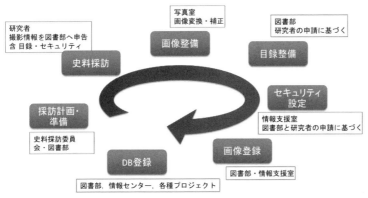

図4　史料データ公開フロー

　史料編纂所では前述のとおり、1年間で200史料群の史料採訪を行っている。これらについて、史料画像をデータベースから検索し閲覧するまでには時間がかかる。画像の整理・目録作成・知要条件の設定などがその要因である。そのため、採訪史料が図4のどの過程にあるか、史料画像はどこになるかなどを管理するためのシステム「史料画像デジタル化進捗管理システム(以下、進捗管理システム)」を2012年に構築した。2022年5月30日時点では3,883件の画像公開状態を管理している。前述の史料採訪とその結果という史料編纂所の業務を管理することを目的としていたことから、独自モデルに基づいて構築していた。データの長期保存・長期利用という観点から、国際標準規格であるOAIS参照モデル(Reference model for an Open Archival Information

System)^{15), 16)} に基づき、2021年に進捗管理システムを再構築した。OAIS 参照モデルに準拠したソフトウェアとして、文化庁国立近現代建築資料館が 利用している Archivematica^{17), 18)} が挙げられる。Archivematica はコンテン ツの長期保存・長期利用のための管理システムであり、オープンソフトウェ アであること、dSpace や AtoM といった他のシステムとの連携が簡易である こと等が特徴である。

OAIS参照モデルでは、情報オブジェクト(Information Object)がデー タオブジェクト(Data Object)とその表現情報(Representation Information) から構成されており、情報オブジェクトを保存するために情報パッケー ジ(Information Package)の概念を導入している。情報パッケージは、図5 に示すように情報オブジェクト(Information Object)を内容情報(Content Information)として保存するため、保存記述情報(Preservation Description Information; PDI)と併せてパッケージ化する。情報パッケージに関する記述 (Descriptive Information about Package)を付与し、パッケージ化したオブジェ クトを保存する。PDIは以下の5つの情報を持つ。

・来歴(Provenance):コンテンツの由来・伝来。保存の処理など履歴。
・コンテキスト(Context):コンテンツとその環境との関係。他のオブ ジェクトとの関係など。
・参照(Reference):コンテンツの識別子。
・不変性(Fixity):オブジェクトが変更されていないことを保証する情報。 例えば、MD5などのハッシュ関数を利用したチェックサムがある。
・アクセス権(Access Rights):コンテンツへのアクセス制限・条件。

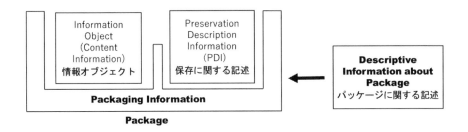

図5　OAIS参照モデルにおける情報パッケージ

　進捗管理システムを改修することで、PDIの登録・管理が可能になった。OAIS参照モデルでは、実運用において図6に示すように、保存方針計画(Preservation Planning)、取り込み(Ingest)、データ管理(Data Management)、保存庫(Archival Storage)、アクセス(Access)、運用統括(Administration)という6つの機能要素が定義されている。史料編纂所では次のように対応している。

・保存方針計画は、史料編纂所内に設置された小委員会もしくはワーキンググループにより策定され、必要に応じて改定される。
・取り込みの対象は、史料採訪での撮影史料画像やマイクロフィルム等のスキャニング画像であり、PDIに関わるデータを進捗管理システムに登録し、画像リポジトリへ登録することで管理対象として位置づける。
・保存庫は進捗管理システム、および、画像リポジトリが該当する。画像リポジトリには画像そのもの、つまりは情報オブジェクト(Information Object)が格納される。進捗管理システムにはPDIが格納される。
・データ管理およびアクセス制御は、Hi-CAT・Hi-CAT Plus、および、進捗管理システムにて設定・格納・管理される。Hi-CATやHi-CAT Plusには史料目録、および、該当する画像(群)のURLが格納・管理されており、目録自体へのアクセス制御も行う。進捗管理システムには史料画像

の利用条件が格納されている。
・管理運営は史料編纂所の図書部および前近代日本史情報国際センターにより行われている。

　進捗管理システムを10年運用した経験から、OAISの機能要素を実現していく上で、保存方針計画が最も重要であると考えている。保存方針計画に応じて取り込み・データ管理・保存庫・アクセスの対象や方針が明確化され、システム上での制御方針も決定できるためである。また、管理運営も保存方針計画がなければその意味をなさない。

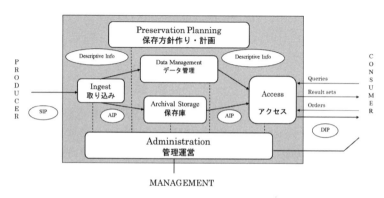

図6　OAISの構成要素

　DI事業にて史料編纂所は、下記の他機関所蔵史料の画像をウェブ公開した。これらはいずれのSHIPS DBにおけるHi-CAT Plusにてアクセス可能である。

・「天皇家・公家関係史料を中心とした研究」プロジェクトとの連携により、2020年3月宮内庁書陵部所蔵の伏見宮家本・九条家本の画像（約567,720点）を公開。2020年12月山口県立山口図書館所蔵今井似閑本画像（約32,000点）を公開。

・2021年7月都城島津邸所蔵史料画像(約11,000点)を公開。

・2021年12月滋賀県立琵琶湖博物館所蔵「東寺文書」(107点)を公開。

3　研究データとしての史料

　前述までの史料画像を中心とした史料データは、『大日本史料』などの日本史研究における基幹史料集の編纂・出版で利用するための研究素材として位置づけられる。当然のことではあるが、広く日本史研究を行う上での基盤となりうる研究データと見ることもできる。よってDI事業での史料編纂所の取り組みは、日本史分野での研究データ管理の実践例としてみることもできると考えている。

3-1　史料データは見つけられるか

　研究データ管理の議論は、地球科学や生命科学などが先駆けて実施されてきた。今では、あらゆる分野にてデータ駆動型研究の推進がなされていく中、研究データの適切な公開が求められている。第6期科学技術・イノベーション基本計画から、これは人文学においても適用されていくことになる。ヨーロッパでのEuropean Open Science CloudやアメリカにおけるBig Data to Knowledgeプロジェクトなどでは、研究データ公開基準として、FAIR原則(FAIR Data Principles)[19], [20]をデータ共有と管理の基盤としている。FAIR原則では、Findable(見つけられる)、Accessible(アクセスできる)、Interoperable(相互運用できる)、Reusable(再利用できる)をキーとして、データ公開の実施方法を提唱している。注21によるFAIR原則の日本語訳を図7に示す。

To be Findable: (見つけられるために)
 F1.（メタ）データが、グローバルに一意で永続的な識別子（ID）を有すること。
 F2. データがメタデータによって十分に記述されていること。
 F3.（メタ）データが検索可能なリソースとして、登録もしくはインデックス化されていること。
 F4. メタデータが、データの識別子（ID）を明記していること。
To be Accessible: (アクセスできるために)
 A1. 標準化された通信プロトコルを使って、（メタ）データを識別子（ID）により入手できること。
 A1.1 そのプロトコルは公開されており、無料で、実装に制限が無いこと。
 A1.2 そのプロトコルは必要な場合は、認証や権限付与の方法を提供できること。
 A2. データが利用不可能となったとしても、メタデータにはアクセスできること。
To be Interoperable: (相互運用できるために)
 I1.（メタ）データの知識表現のため、形式が定まっていて、到達可能であり、共有されていて、
    広く適用可能な記述言語を使うこと。
 I2.（メタ）データがFAIR原則に従う語彙を使っていること。
 I3.（メタ）データは、他の（メタ）データへの特定可能な参照情報を含んでいること。
To be Re-usable: (再利用できるために)
 R1. メタ（データ）が、正確な関連属性を豊富に持つこと。
 R1.1（メタ）データが、明確でアクセス可能なデータ利用ライセンスと共に公開されていること。
 R1.2（メタ）データが、その来歴と繋がっていること。
 R1.3（メタ）データが、分野ごとのコミュニティの標準を満たすこと。

図7　FAIR原則

　このFAIR原則に従って、現在の史料編纂所での取り組みを検討してみたい。FAIR原則は主にオープンデータの公開方法の側面で取り上げられることが多いが、ここでは、ウェブ上で公開・共有していくための基準として捉えたい。

　Findableについて、JDCatへの登録を経ることで、“ある程度”はこの原則に従っていると考えられる。SHIPS上ではパーマリンクを設定してあるため、ウェブ上で利用可能な識別子は保持している。しかしながらSHIPS以外での設定が行えないため、DOIほどのグローバルな識別子とはいえない。国文学研究資料館新日本古典籍総合データベースではDOI付与を実践していることから、人文学データにおいてもこの付与は避けられないと考えている。Accessibleでは、進捗管理システムやHi-CAT・Hi-CAT Plusでの取り組みにより、データの長期保存・長期利用を行っており、2022年6月にリリースした新たなSHIPS DBではメタデータへの直接アクセスすることが可能になったことから、問題はないものと考えている。Interoperableについて、史的文

字データベース連携検索システムでの実証からも問題ないものと考えている。Reusableでは、進捗管理システムや収集史料公開のフローから達成しているものと考えている。

　上記のFAIR原則以外にも下記の課題があると考えている。

　日本史研究者に限る場合、史料編纂所の活動および提供している研究資源についてはよく知られている…と思いたい。しかしながら、それ以外の研究者、たとえ人文科学に関わる研究者であっても、どのようなデータがあり、それはどのように利用できるのか、などについては知られていない。そのため、日本史に関わるデータがどこにあって、どのように利用できるものかが想像しづらいのが現状であろう。これは史料編纂所だけではなく、文書・記録等を所蔵している各機関に共通する課題である。ウェブ上にはもはやカウントしきれないほどのデータが配置されている。単にウェブ上にデータを配置するだけでは見つけられず、またDOIを付与したからといって見つけられるわけではない。人にも機械にも見つけられるような仕組みが必要である。例えば、一部ではあるが日本史に関わるデータは史料編纂所が提供していることを周知したり、他の機関・分野のデータとリンケージを形成していくことで機械にもアクセス可能にしたり、といったことが挙げられよう。史料編纂所がDI事業へ参画したことにより、他機関所蔵史料を史料編纂所所蔵史料とともにウェブ公開する等により、実質的な意味合いでの日本史史料のFindableなアクセスポイントとして成長していく機会につながると考えている。

3-2　史料データは管理できるか

　第6期科学技術・イノベーション基本計画を受け、2021年4月に統合イノベーション戦略推進会議より「公的資金による研究データの管理・利活用に関する基本的な考え方」[22)]が示された。各研究機関は、オープン・アンド・クローズ戦略に基づく研究データの管理・利活用の実現を図ることになった。さらに、研究開発を行う機関の責務として、研究データポリシー策定、機関

リポジトリへの研究データの収載と研究データへのメタデータ付与の促進、研究データマネジメント人材・支援体制の整備および評価、セキュリティの確保・関係諸法令の遵守が挙げられており、これらへの対応が迫られている。2020年3月、京都大学が「研究データ管理・公開ポリシー」[23]を公開したことを皮切りに、名古屋大学・東京工業大学・東北大学などが同様に公開している。2022年5月時点では、東京大学はこれの策定中である。これらの研究データポリシーでは共通して、研究データの定義、帰属、管理、利活用、機関による管理・利活用の支援を定めている。管理や利活用のポリシーを定めていく上で、まずは研究データの定義がなければ策定し得ない。しかしながら、研究データやその範囲などの定義はかなり難しい。「東北大学研究データ・公開ポリシーの解説」[24]では、研究データについて下記の説明がなされている。

・研究データの記録媒体(デジタル・非デジタル)は問わない。
・本ポリシーにおける「研究データ」には、以下のものが含まれる。
　1　研究素材として収集又は生成された一次データ(測定データ、画像情報等)
　2　一次データ等を分析、処理して生成された情報(加工データや解析データ等)
　3　上記データの収集や生成の段階で作成された記録(実験ノート、質問票等)に記載された情報
　4　上記のデータを用いて作成された研究成果(論文や講演資料等)に記載された情報
　5　研究に用いられた有体物等(試料、標本等)に蓄積されている情報
　6　その他研究活動に用いることが予定されている情報及び研究活動に用いられた情報

研究データの範囲として、

本学が定める「研究データ等の保存の期間及び方法に関するガイダンス」においては、保存対象となる研究データの範囲について、研究成果である論文等に使用されていないものについては除外されている。しかし、論文等に直接使用されていない情報であっても、学術的価値を有する情報は「管理」や「公開」の対象となり得ると考えられることから、本ポリシーは、上記ガイダンスが対象としていない情報も「研究データ」に含まれることとしている。

と説明があり、管理・公開のデータとしては、

　研究データの中には、「管理」の対象とはなるが、「公開」を想定していないものや「公開」に適しないもの（例：実験ノート、試料・標本等）も存在する。管理、公開のそれぞれにおいて、いかなる範囲の研究データを対象とすべきであるかは、研究分野の特性や研究データの性質等によって異なることから、各部局等において適切な対象範囲を決定することが望ましい。

とあり、分野ごとの判断が求められている。公開・非公開の判断は、「法令、契約、規定、および、オープン・アンド・クローズ戦略に基づき決定する」とある。
　史料データではどうであろうか。2節にて、DI事業、ならびに、史料編纂所の事業としての史料採訪における史料データの収集・管理・公開においては、データ管理プラン（Data Management Plan; DMP）ともいうべき史料データ公開フローをすでに策定しており、その管理システムである進捗管理システムについても整備し、運用し、SHIPS DB、ならび、JDCatにて公開するに至っている。この範囲においては、課題は多少あるものの、実施できる状況にあるといえる。
　日本史研究という観点から包括的に対応できているかと言われると、実は

そうとはいえない。史料編纂所では『大日本史料』などの基幹史料集の出版（データベースでの公開も含む）を使命としている。史料採訪のような研究データ管理は、編纂および出版の過程で生成されるデータには適用していないこともあり、管理しきれていないのが現状である。編纂を研究中、出版を論文等による研究成果公開に置き換えると、一般的な日本史研究の過程に当てはまる。大まかではあるが、収集した史料を対象に、史料批判を行い、読解し、翻刻し、人名や地名などの識別・同定を行い、他の史料と比較しながら、史料を関連付け、歴史像を見出し、その結果を取りまとめ、論文等で公開していく、というそれぞれの研究過程で生成されるデータを、どのように計画立てて管理していくのがよいであろうか。これはすでに喫緊の課題であり、早々に実施していかねばならない。

4　おわりに

　高付加価値化が第6期科学技術・イノベーション基本計画では求められていることを鑑みると、異分野連携の"架け橋"にもなり得るような取り組みもチャレンジしていく必要がある。データ駆動科学との史料データの組み合わせなどにより、史料データ自体の高付加価値化や史料データのさらなる成長も重要になると考えている。たとえば、料紙研究などモノとしての史料データの調査により、史料としてのデータがより高付加価値のあるものへと成長させていくのも1つの手であろう。

　異分野融合の実践を行うことで、特定の分野のみで利活用されていたデータが、他分野で利活用されていくと、これまでにはないデータの需要が生まれ、新たな観点からそのデータを見ることも可能になる。さらに、異分野融合を経て、データは他分野のデータとリンクしていくことも可能であり、さらなる高付加価値化につながる…というのが理想である。そのためのデジタルアーカイブの役割はさらなる重みが増していくであろう。

　本格的にデータ駆動による研究がなされているところまでは至っていない

ものの、異分野融合の実践例として、東京大学では地震研究所と史料編纂所を母体とした地震火山史料連携研究機構での活動を挙げることができる。この機構では史料の収集・編纂と分析を実施し、日本における地震活動や火山活動の長期的な情報を提供できる科学的なデータベースを構築している。その具体的な例として、日記史料有感地震データベース[25]がある。このデータベースは、江戸時代後期に記述された記録を対象に、"地振フ"といった地震に関わる記述を、時空間データとともに収集し、地震のサイズを記述内容に応じて設定したデータを格納している。これにより、地震について時系列的・空間的に分析することができる。そのため統計処理可能なデータであるいえる。そうなると、データ駆動科学で利用している手法が利用できることから、近世史・維新史の研究に応用していくことも遠からず可能であると考えている。また、地震学のような他の分野でも前近代日本に関わるデータを対象に研究を進めていくことも可能になる。

　史料データの作成者のほとんどは日本史研究者である。現在は利用者の多くも日本史研究者である。日本史研究者が利用可能なデータでなければ利活用されない。一方で、第6期科学技術・イノベーション基本計画にあるように、データ駆動科学・データサイエンスの活用も避けられない。くずし字の自動認識、本文の自動分類、人名・地名の自動識別などが実利用される手前まで到達している。日本史研究においてもデータサイエンスに関わる取り組みが不可欠であるといえる。しかしながら、日本史でのデータサイエンスは未熟であり、しかも周知されていない。日本史の分野でもデータサイエンスの浸透を目指す上で、データ整備、データベース等のシステム、データを分析していくためのツールといった情報技術・情報環境の整備を行うだけでは不十分である。システム等を介して得られたデータを解釈していく人も重要である。解釈しうる人と解釈に基づいて分析しうる人が必要であり、そのためにも教育や若手育成が不可欠であると考えている。

附記　本章における研究成果の一部は、JSPS科研費21H04376、20H00010、18H05221、18H03576、および、JSPS人文学・社会科学データインフラストラクチャー構築推進事業の助成を受けたものによる。

注

1)　https://mdx.jp/（最終アクセス：2022年5月30日）

2)　Suzumura, Toyotaro et al. (2022) "mdx: A Cloud Platform for Supporting Data Science and Cross-Disciplinary Research Collaborations". (doi:// 10.48550/ARXIV.2203.14188)

3)　内閣府(2021)「科学技術基本法等の一部を改正する法律」（https://www8.cao.go.jp/cstp/cst/kihonhou/kaisei_honbun.pdf）（最終アクセス：2022年5月30日）

4)　内閣府(2021)「科学技術・イノベーション基本計画」（https://www8.cao.go.jp/cstp/kihonkeikaku/6honbun.pdf）（最終アクセス：2022年5月30日）

5)　東京大学(2022)「データプラットフォームイニシアティブ登録プロジェクト」（https://www.u-tokyo.ac.jp/adm/fsi/ja/projects/dp/）（最終アクセス：2022年5月30日）

6)　廣松毅(2019)「日本学術振興会「人文学・社会科学データインフラストラクチャー構築推進事業」について」『ESTRELA』2019年11月号(No.308)、2-7.

7)　日本学術振興会(2021)「人文学・社会科学総合データカタログ「JDCat」」（https://jdcat.jsps.go.jp/）（最終アクセス：2022年5月30日）

8)　日本学術振興会(2019)「人文学・社会科学データインフラストラクチャー構築推進事業拠点機関におけるデータ共有基盤の構築・強化委託業務 令和元年度(2019年度)公募要領」（https://www.jsps.go.jp/j-di/data/R1data_infrastructure_koubo.pdf）（最終アクセス：2022年5月30日）

9)　https://iiif.io/（最終アクセス：2022年5月30日）

10)　「機関間連携による『史的文字データベース連携システム』の公開」（https://www.u-tokyo.ac.jp/focus/ja/articles/z0206_00015.html）（最終アクセス：2022年5月30日）

11)　https://mojiportal.nabunken.go.jp/（最終アクセス：2022年5月30日）

12)　東京大学史料編纂所(2002)「東京大学史料編纂所史史料集」東京大学出版会.

13)　「利用条件：史料画像データの利用」（https://www.hi.u-tokyo.ac.jp/faq/reuse）（最終アクセス：2022年5月30日）

14)　「科学研究費補助金(基盤研究S)天皇家・公家文庫収蔵史料の高度利用化と日本目録学の進展──知の体系の構造伝来の解明《禁裏・公家文庫研究の窓》」（https://www.hi.u-tokyo.ac.jp/kodai/kinri-kuge-index.html）（最終アクセス：2022年5月30日）

15)　CCSDS (2012) Reference model for an Open Archival Information System (OAIS).

（https://public.ccsds.org/pubs/650x0m2.pdf）（最終アクセス：2022年5月30日）

16）　杉本重雄(2017)「ディジタルリソースの長期保存に関する概観」iPRES2017（http://www-archive.cseas.kyoto-u.ac.jp/ipres2017.jp/wp-content/uploads/jtutorial_sugimoto.pdf）（最終アクセス：2022年5月30日）

17）　Artefactual Systems Inc. (2009) Archivematica.（https://www.archivematica.org/en/）（最終アクセス：2022年5月30日）

18）　藤本貴子・橋本陽(2019)「文化庁国立近現代建築資料館における資料デジタル化の取り組みとArchivematicaによるデジタル・データ保存について」『日本写真学会誌』82(1), 31-36.（DOI: 10.11454/photogrst.82.31.）

19）　FORCE11 (2016) The FAIR Data Principles.（https://force11.org/info/the-fair-data-principles/）（最終アクセス：2022年5月30日）

20）　武田英明(2016)「研究データ利活用に関する国内活動及び国際動向について」第2回SPARC Japanセミナー（https://www.nii.ac.jp/sparc/event/2016/pdf/20161026_doc6.pdf）（最終アクセス：2022年5月30日）

21）　大波純一・八塚茂・信定知江・箕輪真理・三橋信孝・畠中秀樹(2018)「データ共有の基準としてのFAIR原則」（https://biosciencedbc.jp/about-us/report/fair-principle/）（最終アクセス：2022年5月30日）（DOI:10.18908/a.2018041901）

22）　統合イノベーション戦略推進会議(2021)「公的資金による研究データの管理・利活用に関する基本的な考え方」（https://www8.cao.go.jp/cstp/tyousakai/kokusaiopen/sanko1.pdf）（最終アクセス：2022年5月30日）

23）　京都大学(2020)「京都大学研究データ管理・公開ポリシー」（https://www.kyoto-u.ac.jp/ja/research/research-policy/kanrikoukai）（最終アクセス：2022年5月30日）

24）　東北大学(2022)「東北大学研究データ・公開ポリシーの解説」（https://www.tohoku.ac.jp/japanese/newimg/newsimg/news20220104_05_guide.pdf）（最終アクセス：2022年5月30日）

25）　「日記史料有感地震データベース」（http://wwweic.eri.u-tokyo.ac.jp/HEVA-DB/）（最終アクセス：2022年5月30日）

第 **3** 部

DAを活用した
研究実践・研究コミュニティの形成

第6章

デジタルアーカイブは
デジタル・ヒューマニティーズに
対して何ができるか？

一つの解としてのラボ事業

大沼太兵衛

1　はじめに

　人文学研究にデジタル技術を応用する実践領域であるデジタル・ヒューマ
ニティーズ(以下「DH」)と、様々なデジタル形式の情報資源を保存・整理・
提供する営みであるデジタルアーカイブ。この両者は、互いに密接に関連し
合いながらも、基本的には独立した実践領域として営まれてきた。一方で、
両者の関係については、DHの実践内容にはデジタルアーカイブと重なる部
分が少なくないこと、人文学研究の多様性、近年のデジタルアーカイブ側の
サービスの多角化等の理由により、シンプルな図式を描くことは思いのほか
難しく、また論じるべき事柄も多岐にわたる。

　そこで本章では、両者の関係を考えるための一つの切り口として、早く
からDHに取り組んできた欧米において、近年、主要なデジタルアーカイ
ブ[1]が展開している「ラボ(Lab)」を冠した事業及びその関連活動(以下「ラボ
事業」)を取り上げる。それを手がかりとして、DHをはじめとする研究目的
でのデジタルデータの利用に対する、デジタルアーカイブ側の現在の動向を

把握を試みる。これは、一つの傾向に一般化しづらいDH側の多種多様な変化を追うよりも、デジタルアーカイブ側の動きに注目することで、両者の関係について、より実りある知見が得られるとの想定による。

　以下、第2節では、DHとデジタルアーカイブの関係をめぐり、先行研究を踏まえつつ若干の論点整理を試みた上で、ラボ事業が生まれた背景を探る。第3節では、個々のデジタルアーカイブにおけるラボ事業の状況を概観し、現在の動向の要点を抽出する。第4節は全体の総括に充てられる。

2　ラボ事業の背景

2-1　DHの視点から——インフラとしてのデジタルアーカイブ

　DHの実践においては当然のことながら、アナログ資料をデジタル化したデータであれ、ボーンデジタルのデータであれ、何らかのデジタル形式のコンテンツが必要である。DHから見たデジタルアーカイブの肯定的な側面としては、第一に、資料のデジタル化、集積、メタデータの付与、保存、公開というデジタルアーカイブの一連の基本機能が、コンテンツの発見可能性を向上させ、またアクセスの点でも利便性を高めたことが挙げられるだろう。

　第二に、伝統的な人文学との比較でしばしば言及される、DHの「コアバリュー」[2]である協同(collaboration)の側面について言えば、デジタルアーカイブがデータ共有の基盤となることで促進されたという点は無視できない。例えば、集合知を活用するクラウドソーシングの手法を採用した研究プロジェクトはすでに1990年代前半から行われており[3]、近年でも "Infosys Transcibe Bentham"[4]や "Testaments de Poilus"[5]といった優れた実践例があるが、これらの基盤となったシステム及びプロジェクト成果は、まさにデジタルアーカイブと言えるものである。

　DHは多様な対象・方法論を含む実践領域ではあるが、以上のことから、DHにとってのデジタルアーカイブは、データ及びシステムの両面において、基本的には研究基盤＝インフラという関係にあると言うことができるだろう。

一方、課題も存在する。一例として、研究データリポジトリを対象としたハンソンらの研究(2022)によれば、詳細なメタデータを求める研究者のニーズと、実際に提供されているサービスとの間にギャップがあることや、著作権上の制約がデータの利用の障害になっていること等の課題が指摘されている。人文学分野の研究者にとって、それらのサービスはデータの共有・再利用という面においてまだ十分に洗練されているとは言えないという[6]。これをデジタルアーカイブ一般に敷衍するならば、特に第3節で挙げるような大規模デジタルアーカイブは、通常、特定のドメイン(専門分野)に特化しない汎用的・一般的な利用を想定して構築されるため、多様かつ専門特化したニーズを持つ人文学研究者にとっては、その必要に必ずしも十分に応えるサービスを提供できるわけではないということになる。研究ニーズとデジタルアーカイブの提供サービス(メタデータ、コンテンツ、検索機能)との間に生じるこのようなギャップは、いわば構造的なものであると言える。なお、このギャップに対してはデジタルアーカイブ側も多かれ少なかれ自覚的であり、そのことが後述するラボ事業につながっていく背景となる。

2-2　デジタルアーカイブの視点から──ラボ事業へ

デジタルアーカイブにとってDHは、第一に、図書館・文書館・博物館等のアーカイブ機関、中でも大学図書館・研究図書館が、この新しい研究領域に対してどのように対応するべきか、という現実の課題として立ち現れてきた経緯がある。概ね2010年代以降、アーカイブ機関とDHの関係の理論的整理、研究者と情報専門職の協力のあり方、情報専門職の教育、さらには予算の問題といったきわめて実務的なテーマまで、これらアーカイブ機関の立場からの議論や提言が活発になされ、DHとの「付き合い方」が様々なレベルで模索されてきた(アメリカ図書館協会(ALA)内の大学・研究図書館協会(ACRL)に、DHに関するディスカッション・グループ[7]が設けられたのも、この時期(2012年)のことである)。

ここで、宇陀(2019)の所論にしたがってデジタルアーカイブの展開を時

系列で整理するならば、「デジタル世界はコンテンツ構成の発展順に時間軸を三つに区分」される。すなわち、資料のデジタル化を推し進めた「コンテンツ構築の時代」、複数機関で横断検索を実現した「コンテンツ共有の時代」、そしてコンテンツのさらなる統合的アクセスのため、Europeanaやジャパンサーチのような巨大なプラットフォームが構築される「コンテンツ集約の時代」であり、現在は第三の時代に入っている[8]。ここで述べられている取組は、より多くのコンテンツを、より多くの機関で共有し、より多くの利用者に届けるという、いわば「広い」利活用を目指したものであると言える。

　一方で、これらの発展がある程度達成されたときに問われるのは、コンテンツが「どのように」使われるのかという点であろう。すなわち、作成・蓄積・共有の進んだ膨大なデータを、単に一般的な形で利用可能とするだけでなく、いかにして、研究利用も含めたさらなる発展的な利活用や、新たな価値を持つサービス開発に繋げていけるか、という課題である。ここで、そもそもデジタルアーカイブの主要なコンテンツの性格は何かと考えるならば、その大きな部分をなすのはデジタル化された文化遺産(cultural heritage)のコレクションであり、人文学研究と親和性が高いコンテンツ群である。デジタルアーカイブから見たDHは、新たな利活用を掘り起こすことのできる沃野であると言える。

　私見では、この第三の時代は、このような発展的な利活用が志向される「深い利活用の時代」でもある。各デジタルアーカイブにおいては、前述の研究者ニーズとのギャップ等も踏まえつつ、新たなサービスやツールを生み出すための取組が進められているが、そうした動きの具体的な現れの一つが、各国の国立図書館をはじめとする多くのアーカイブ機関で2010年代以降に同時多発的に展開されてきたラボ事業である。ここでいうラボ事業とは、「デジタルコレクションやデータへのアクセスと利用を拡大し、新しいコレクションやツール、サービスを生み出すことを主な目的」とした取組であり、デジタルアーカイブにとって「研究者や教育者、芸術家などの多様な外部コミュニティとの実験的な取組を進める場」にもなっている活動を指す[9]。

実際に各ラボ事業においてどのような取組が行われているのかについては、次節で具体的な例を見ていくことにしたい。

3　欧米主要デジタルアーカイブのラボ事業の現状

　これまでデジタルアーカイブのラボ事業は、主に欧米の大規模機関が牽引する形で進められてきた。以下では代表的な機関を取り上げ、それぞれの取組を見ていく。なお、ここではデジタルアーカイブの中でも自らコンテンツを保有するサービス（Gallica、HathiTrust等）と、コンテンツ自体は保有せずメタデータを集約するポータル型のサービス（Europeana）との間に特に区別は設けない。

3-1　英国図書館

　英国図書館（BL）は1990年代にコレクションのデジタル化を開始しており、『ベーオウルフ』の世界唯一の写本のデジタル画像を含む"Digitised Manuscripts"[10]をはじめとするデジタルアーカイブの整備を進めてきた。2013年に、国立図書館による世界初の「ラボ」としてBLの提供するデータ及びデジタルコレクションの先進的な利活用の促進・支援のための研究部門として発足したのが"British Library Labs"[11]である。設立当初はアンドリュー・W・メロン財団の支援を受けていたが、現在はBLの予算のみで運営されている。各種シンポジウム・イベントの実施、BLのデータセットやツールへのアクセスを集約した"data.bl.uk"[12]のページの運用を行うほか、BLのデジタルデータを使った外部の研究に対する技術的・法的なサポート業務も行っている。年次開催のシンポジウムにおいては、"British Library Labs Awards"として優れたプロジェクトを表彰しており、それらは"BL Labs Digital Projects Archive"[13]のページで一覧することができる。基本的には、外部の研究者・利用者をいかに巻き込み、その研究活動を支援・可視化するかという点に重点を置いた活動を行っていると言える。なお、同ラボの外部

諮問会議（External Advisory Board）のメンバーには複数のDH研究者も含まれている。

　現在、BLは、現行ビジョン“Living Knowledge”[14]において「研究」をその中核的な事業として位置づけており、若手研究者支援や各種の研究開発事業を、British Library Labs の枠組とは別に展開しているほか、各種のDH関連学会での発表も積極的に行っている[15]。これも、デジタルデータの利活用を促進することで付加価値を生み出し、新たなサービスの創出につなげる取組に他ならず、広い意味での「ラボ」活動の一環と見なして差し支えないだろう。

3-2　フランス国立図書館

　フランス国立図書館（BnF）は、1990年代から開始された資料デジタル化事業、及び引き続いて始められたボーンデジタル資料の収集を基に、“Gallica”[16]を中核とする電子図書館サービスを精力的に展開してきた。特に近年は、増大するデジタルデータのより深い利活用に向けた取組を積極的に進めており、「デジタルデータへのアクセス改善」「大規模データの探索」「デジタル利活用の研究」の3つの領域に注力している[17]。BnFは、先述の研究者ニーズとデジタルアーカイブとの間に存在するギャップに最も自覚的な機関の一つである。例えば2017年には館外の研究者コミュニティが同館に求めるニーズを把握するため、アンケート及びインタビューによる調査を実施しており、研究活動のエコシステムの中でBnFが果たすべき役割についての調査結果を公表している[18]。このような地道な取組の具体的な成果の一つとして2021年10月に開設されたのが、“BnF DataLab”[19]である。

　BnF DataLabは、デジタルコレクションの拡充が「新たな研究の道を開き、同時に研究者による文化遺産データの利用に課題を生み出した」ことを受け、研究者による「デジタルコーパスの構築と処理を支援する」ことを目的として設置された「物理的・電子的研究室」である[20]。フランス国内のDHの大規模研究インフラである“Huma-Num”[21]をパートナー機関としている。上記2017年調査の結果等により研究者のための物理的な作業スペースの必要性

が明らかになったことを受け、BnF本館(フランソワ・ミッテラン館)内の研究者用エリア(bibliothèque de recherche)の一角に、専用の部屋の割り当ても受けている。申請に基づき認められた研究者は、同スペースにおいて、BnFが保有する膨大な書誌データや、ウェブで未公開の著作権保護期間中のデジタルデータを研究目的で利用できるだけでなく、サーバやGPU等の同館のインフラを使用することができる。デジタルデータの利活用に関して積極的な動機を持つ研究者を直接呼び込む形で、その支援を行う取組が同ラボの中心的な活動になっていると言える。まだ設立後、日が浅いこともあり、具体的な成果の検証については今後を待ちたい。

　また、その他にもBnFは研究者へのリーチを積極的に行っており、各種の実験サービスやデータセットを生み出している。代表的な成果の例としては、2021年に公開された "Gallicagram"[22]が挙げられる(図1)。これは、BnF外部の大学院生2名がGallicaのAPIを利用して開発した実験サービスであり、Gallica収載の全文テキストデータを対象コーパスとして、その中に含まれる単語の出現頻度を時系列により可視化できるツールである。先行するGoogle Books Ngram Viewer[23]を参考としたシステムであるが、Google Books Ngram Viewerの、対象コーパスの詳細が開示されていないという課題や機能的制約を踏まえ、よりきめ細やかな検索機能の実装とともに、出所の明らかなGallica収載コンテンツをもとにしたサービスとして、研究目的の利用にも耐えうることが目指されている[24]。

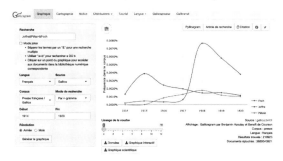

図1　Gallicagramのインターフェース

3-3 オランダ王立図書館

　オランダ王立図書館(以下「KB」)のラボ組織である "KB Lab"[25]は、2014年にKBの研究部の中に設置された。BLやBnFと同様、デジタル化資料を由来とする各種のデータセットの提供、内製又は外部研究者・エンジニアとの協同による実験ツール類の開発を進めているほか、イベントの開催等、デジタルコレクションの利活用促進の取組を行っている。

　KB Labの特徴的な取組としては、"Researcher-in-residence"[26]プログラムがある。毎年2名程度の枠で、KBの保有データの研究利用を希望する研究者を公募し、採択された研究者はKBのDHチームと共同で研究プロジェクトを行うことができるというものである。同プロジェクトは、研究者にコーディングのスキルを求めず、また、望めば研究者自身のデータセットの使用も可能であるという点でユニークなものであり、全面的にKBの技術的なサポートを受けられる内容となっている。

3-4 Europeana

　ヨーロッパのデジタル文化遺産への統合的なアクセスを提供するプラットフォームとして2009年に正式版が公開されたEuropeanaは、2014年に"Europeana Labs"の名称を冠した取組を開始し、収集する文化遺産データの再利用の活性化のため、ハッカソンやシンポジウム等のイベントの開催に加え、各種のAPIとデータセットを生み出してきた。現在はEuropeana Labsは解消し、その成果は "Europeana Pro" サイト内の "Services and Tools"[27]のページで内容ごとに分散整理されて公開されている。

　むしろEuropeanaは、その性格上、公開当初からインフラとしての機能拡充に努めてきた取組に特色がある。一つはメタデータであり、Europeanaの独自メタデータモデルであるEDM(Europeana Data Model)は、可能な限り既存の標準的なデータモデルに準拠し、オープンな環境でデータ統合を可能とするモデルとして開発された。それによって、多様なデータ提供元から集約されたメタデータを一つの統一的スキーマに変換し、相互運用可能な形式

での提供やセマンティック・ウェブへの対応を可能としている[28]。さらに、Europeanaは、"Europeana REST API"、"Search API"、"Record API"等の多様なAPIを提供し、Europeana自体のデータの利便性を高めているほか、外部データベースとの連携のため、SPARQL APIによってリンクトオープンデータの形で構造化されたデータセットを活用することも可能となっている。このようなインフラとしての機能開発自体が、そもそもラボ的性格を強く持っていたと言うことができ、そのことが、DH等の研究支援に直接・間接に裨益してきたという側面がある。

なお、ラボの看板は掲げていないものの、現在のEuropeanaにおいてもEuropeana Labsと同様の活動は継続的に行われている。Europeanaの現在の戦略方針である"Strategy 2020-2025: Empowering Digital Change"[29]においては、「デジタルへの変化を受容するための専門知識、ツール、ポリシーを開発し、またイノベーションを促進するためのパートナーシップを奨励」することを最初に掲げているが、これはラボ事業に通じる理念そのものであると言える。

3-5 米国議会図書館

米国議会図書館(LC)は、2017年に"LC Labs"[30]を設置した。現在、その目的は、LCが2018年に初版を公開した"Digital Strategy"[31]に基づき「LCのデジタル・トランスフォーメーションをサポートする」こととされている。"Innovators in Residence"や"Innovation Interns"といったプログラムによって外部の専門的知見を積極的に取り込むことで、新たなサービス創造に繋げる取組を進めてきた。

一般に、図書館のDHへの関わりについては、米国の図書館はヨーロッパと比較すると分析的活動、すなわちデータの内容分析にまで踏み込んだサービス開発を行う傾向が強いという指摘があるが[32]、LCもその例外ではなく、LC Labsの一つの特色としては機械学習を使った研究開発に注力している点が挙げられる。その成果として、LCの歴史的新聞のデジタルアーカイブ"Chronicling America"の全文テキストを対象として聖書からの引用を検出

する "America's Public Bible" 等、複数の実験サービスが同ラボのページから公開されている[33]。また、2020年には図書館業務において機械学習技術の持つ意義・課題・展望等をまとめた報告書 "Machine Learning + Libraries"[34] を外部研究者へ委嘱・作成し、公開している。

　データの利活用促進に関しては、"LC for Robots"[35]のページ（この名称自体、LCの想定する最新の「利用者」像を示しており、興味深い）で、LCの保有する各種の機械可読形式のリソースを集約して提供している（図2）。前述のChronicling Americaのデータセット・APIや、アメリカの過去の公共放送アーカイブである "American Archive of Public Broadcasting"[36] のAPIも入手可能となっている。

図2　"LC for Robots"のページ

3-6　HathiTrust

　Google Books参加館を中心とする大学・研究図書館によって2008年に創設されたHathiTrustは、電子図書館サービスを行うHathiTrust Digital Library（HTDL）とは別組織として、研究部門であるHathiTrust Research Center

（HTRC）を運営している。HTRCは、HathiTrust、インディアナ大学、イリノイ大学の協同によって2011年に設置された。これは「大規模テキストデータを扱う際に研究者が直面する技術的課題」[37]に取り組むとともに「新しい知識創造を支援するミッション」[38]を担うラボ組織であり、HTDL（Google Booksプロジェクトによってデジタル化された資料を収録コンテンツのベースとしている）が保有する膨大なテキストデータを（フェアユース[39]の範囲内で）利用した研究に対する支援や、各種のツール開発を行っている。HTRCが提供する各種ツール及びデータセットは、ウェブサイト"HathiTrust Research Center Analytics"[40]及びGitHub[41]で公開されている。

　その他、HTRCの代表的なプロジェクトとしては、2014年に開始された"HathiTrust+Bookworm"[42]が挙げられる。これは、HTDLの登録資料のテキストデータをコーパスとして検索キーワードの出現頻度を時系列で可視化するツールであり、前述のGallicagramと同様に、Google Books Ngram Viewerよりも詳細な検索機能を備えている。

　HathiTrustは元々、大学図書館の連合が母体となっており、運営メンバーに複数の図書館情報学等の研究者も含まれるため、研究活動との距離が近い。大規模デジタルアーカイブとしては、研究者自身がデジタルアーカイブの内部に関わりその研究開発活動に深くコミットしている貴重な例と言える。

3-7　小括

　以上、各機関のラボ事業について見てきたが、それぞれ異なった特色を持ちつつも、概ね共通する方向性を持った活動を展開していると言えるのではないだろうか。特に、外部の研究者・エンジニア等を積極的に巻き込んでいくというスタイルは、どのラボ事業にも共通した姿勢である。

　デジタルアーカイブは、デジタルコレクション及びシステムの構築・運用リソースを持っているという点に強みがあるが、一般的には、例えば人文学の個々の分野について専門的知見を備えているわけではない。特定の専門領域の知識を持った外部の研究者を、共同研究や研究支援といった形で巻き込

むことで、デジタルアーカイブ側は新たな利用者層を掘り起こすことができる。一方、研究者側にとってはデジタルアーカイブの持つデータやインフラを利用することで、自らの研究関心に基づく研究プロジェクトを形にすることができる。また技術面に関しても、デジタルアーカイブは必ずしも先進的な技術を内製で駆使できるわけではない。BnF の Gallicagram の事例に典型的に見られるように、開発技術を持ったエンジニアとの協同によって、デジタルアーカイブにとっては新たなサービス開発に繋げることができ、エンジニアにとっては自らの技術を使ったアプリケーション開発の実績を作る機会となる。

　ここで DH の基本的な性質に立ち返って考えると、そもそも人文学の専門知と情報技術の交わる領域で行われる DH は、共同研究の形態をとることが多く、また、従来的な査読論文のみではなく、研究の過程・結果において作成されたデータセット・データベース・アプリケーション等も正当な研究成果として扱われることが、DH においては近年一般化しつつある[43]。その意味において、デジタルアーカイブ・研究者・エンジニアの協同によってデータベースやサービスの開発を行うこれらのラボ事業は、それ自体がすぐれて DH 的な知の生産サイクルを体現している活動であると言えるだろう。

4　おわりに

　最後に、本章の内容を要約し、若干の付言とともに締めくくりとしたい。
　これまでデジタルアーカイブは、社会の知的基盤として、デジタルコンテンツの作成、蓄積、共有を進め、システムを超えた長期利用保証とアクセスの利便性向上に取り組んできた。DH にとってデジタルアーカイブは研究基盤の一つであるが、反面、デジタルアーカイブの提供するデータやサービスは必ずしも人文学研究者のニーズに十全に応えるものとはなっておらず、ここにギャップが存在している。このような研究ニーズにも応える「深い」データの利活用に向けた取組の一つの形が、デジタルアーカイブを提供する各機

関において2010年代以降、展開されているラボ事業である。

　欧米の主要な図書館等のラボ事業は、研究支援や共同プロジェクトといった様々な形で外部の研究者・エンジニアを取り込み、提供するデジタルデータの利活用促進や、付加価値を持った新規サービス・各種ツールの開発、そしてそれによる新たな利用者層の開拓に取り組んでいる。また、これは研究者・エンジニアの側から見れば、デジタルアーカイブの持つリソースと、自らのドメイン知識や技術を組み合わせたプロジェクトが実現できる機会が得られることに他ならない。その意味において、ラボ事業は双利的な性格を強く持った取組と言える。

　ところで、狭義の「ラボ」名称を廃したEuropeanaのように、ラボ事業はデジタルアーカイブにとって特殊な活動ではなくなりつつある可能性が現在、垣間見える。同様の活動は、今後は各デジタルアーカイブにおいて通常業務の一環に取り込まれていくのかもしれず、今後の動向が注視される点である。

　本章で取り上げたラボ事業の事例は、十分な公開情報があるものに限られる。また、著名なものも含め、紙幅の関係で取り上げることのできなかったラボ事業やデジタルアーカイブも複数存在する（本章のスコープ外であるが、日本においても国立国会図書館が「次世代デジタルライブラリー」をはじめとする各種の実験サービスを「NDLラボ」[44]で展開している）。これらについては、いずれ稿を改めて考察することとしたい。

注

1)　一般に「デジタルアーカイブ」の語は和製英語として説明されることが多い。そのため、欧米の事例を扱う場合、何をもってデジタルアーカイブと見なすのかという問題が生じることになるが、本章ではこの議論には立ち入らず、広く「様々なデジタル情報資源を収集・保存・提供する仕組みの総体」（デジタルアーカイブの連携に関する関係省庁等連絡会・実務者協議会（2017）「我が国におけるデジタルアーカイブ推進の方向性」（https://www.kantei.go.jp/jp/singi/titeki2/digitalarchive_kyougikai/houkokusho.pdf）（最終アクセス：2022年10月15日。本章記載のURLの最終アクセス日は以下同様））をデジタルアーカイブとして扱う。

2)　Wong, S. H. R. (2016) Digital Humanities: What Can Libraries Offer?. *portal: Libraries and the Academy*, 16(4), 669. (http://doi.org/10.1353/pla.2016.0046)

3） 菊池信彦（2022）「動向レビュー：デジタルアーカイブにおけるクラウドソーシング──海外の事例から」『カレントアウェアネス』352, 19.（https://current.ndl.go.jp/ca2022）

4） http://transcribe-bentham.ucl.ac.uk/td/Transcribe_Bentham

5） https://edition-testaments-de-poilus.huma-num.fr/accueil

6） Hansson, K., Dahlgren, A. (2022) Open research data repositories: Practices, norms, and metadata for sharing images, *Journal of the Association for Information Science and Technology*, 73(2), 303.

7） https://www.ala.org/acrl/dss/acr-dssdgdh

8） 宇陀則彦（2019）「デジタル世界にいまなにが起きているのか」『未来の図書館研究所調査・研究レポート』3, 48.（https://www.miraitosyokan.jp/future_lib/annual_report/report_vol3.pdf）

9） 科学技術情報整備審議会（2021）「第五期国立国会図書館科学技術情報整備基本計画策定に向けての提言──「人と機械が読む時代」の知識基盤の確立に向けて」, 33（https://dl.ndl.go.jp/info:ndljp/pid/11631622）

10） https://www.bl.uk/manuscripts/

11） https://www.bl.uk/projects/british-library-labs

12） https://data.bl.uk/

13） https://data.bl.uk/bl_labs_digital_projects_archive/

14） https://www.bl.uk/about-us/our-vision

15） 宮田怜（2021）「英国図書館（BL）が展開する研究協力事業」『カレントアウェアネス -E』410.（https://current.ndl.go.jp/e2370）

16） https://gallica.bnf.fr/

17） Pardé, T. & Jacquot, O. (2016) Les humanités numériques à la Bibliothèque nationale de France. *Culture et recherche*, 133, 67. (https://hal-bnf.archives-ouvertes.fr/hal-01379908)

18） Moiraghi, E. (2018) *Le projet Corpus et ses publics potentiels : Une étude prospective sur les besoins et les attentes des futurs usagers* (https://hal-bnf.archives-ouvertes.fr/hal-01739730)

19） https://www.bnf.fr/fr/bnf-datalab

20） Carlin, M., Laborderie, A. (2021) Le BnF DataLab, un service aux chercheurs en humanités numériques, *Humanités numériques*, 4. (https://doi.org/10.4000/revuehn.2684)

21） https://www.huma-num.fr/

22） https://shiny.ens-paris-saclay.fr/app/gallicagram

23） https://books.google.com/ngrams

24） Azoulay, B. & de Courson, B. (2021) *Gallicagram : un outil de lexicométrie pour la recherche* (https://doi.org/10.31235/osf.io/84bf3).

25） https://lab.kb.nl/

26） https://www.kb.nl/en/onderzoeken-%26-vinden/researcher-residence

27） Services and Tools | Europeana Pro.（https://pro.europeana.eu/about-us/services-and-tools）

28） 福山樹里（2017）「Europeanaのメタデータ——デジタルアーカイブの連携の基盤」『情報の科学と技術』, 67（2）, 54-60.（https://doi.org/10.18919/jkg.67.2_54）

29） https://pro.europeana.eu/files/Europeana_Professional/Publications/EU2020StrategyDigital_May2020.pdf

30） https://labs.loc.gov/

31） https://www.loc.gov/digital-strategy

32） Wilms, L. (2021) Digital Humanities in European Research Libraries: Beyond Offering Digital Collections. *LIBER Quarterly: The Journal of the Association of European Research Libraries*, 31(1), 1. (https://doi.org/10.18352/lq.10351)

33） https://labs.loc.gov/work/experiments/machine-learning/

34） https://labs.loc.gov/static/labs/work/reports/Cordell-LOC-ML-report.pdf

35） https://labs.loc.gov/lc-for-robots/

36） https://americanarchive.org/

37） https://www.hathitrust.org/htrc

38） Downie, J. S., Furlough, M., McDonald, R. H., Namachchivaya, B., Plale, B. A. & Unsworth, J. (2016) The HathiTrust Research Center: Exploring the Full-Text Frontier, *EDUCAUSE Review*, 51(3), 50. (https://experts.illinois.edu/en/publications/the-hathitrust-research-center-exploring-the-full-text-frontier)

39） HTRCは2017年に「非消費的利用に係るリサーチポリシー（Non-Consumptive Use Research Policy）」を定めた。これは、フェアユースの枠内で、HTRCがHTDLのコレクションを使って可能な限り幅広い研究・教育目的の非消費的利用（日本の著作権法上の議論における軽微利用に近い）を促進することを保証するものである（https://www.hathitrust.org/htrc_ncup）。

40） https://analytics.hathitrust.org/

41） https://github.com/htrc

42） https://bookworm.htrc.illinois.edu/develop/

43） Blaney, J., Milligan, S., Steer, M. & Winters, J. (2021) *Doing Digital History: A Beginner's Guide to Working with Text as Data*, Manchester University Press, 107-108.

44） https://lab.ndl.go.jp/

第7章

デジタルアーカイブの
活用に向けたコミュニティ形成

Tokyo Digital History を事例に

小風尚樹

1 はじめに

　本章では、デジタルアーカイブに関わるステークホルダーのうち、デジタルアーカイブの構築に携わる組織・機関ではなく、もっぱらデジタルアーカイブの活用を志向するデジタル・ヒューマニティーズ（以下DHと略）関連の研究者・研究コミュニティに焦点を絞り、その活動の意義を考察する。

　その前に、まずは本章における「デジタルアーカイブ」の指すところについて確認しておきたい。古賀崇による国内外のデジタルアーカイブ関連概念の定義と用法の整理を参考にすると、筆者の「デジタルアーカイブ」理解は以下に引用するdigital collectionの内容に近く、かなり広範なものである。すなわち、

　　…digital collectionについては、米国情報標準化機構（NISO）が、2001年から2007年にかけて刊行・改訂した報告書『優れたデジタル・コレクション構築のための指針の枠組み』で詳説している。最終版である第3版（2007年）では、digital collectionを「それ自体の発見・アクセス・利用を促進すべく選択され組織化されたデジタル資料（digital object）から構

成されるもの」と定義している。また、digital collectionを構成する主要な4要素として「資料」「コレクション」「メタデータ」「イニシアティブ」を挙げ、さらにdigital collectionが図書館・文書館・博物館などに共通する取り組みだと捉えている。こちらも、日本における「デジタル・アーカイブ」理解に近いものと筆者は考える[1]。

とくに、引用文中盤の「それ自体の発見・アクセス・利用を促進すべく選択され組織化されたデジタル資料（digital object）から構成されるもの」という記述を重視している。筆者の専門が歴史研究であることから、新聞や議会議事録などさまざまな種類の史料がウェブ上に公開されて利用に付されている状況に慣れ親しんでいる。このようなデジタル史料も、広い意味での「デジタルアーカイブ」の一種として捉えている筆者としては、上記の引用文にあるような広い理解を持っているということを、まず断っておきたい。

さて、本章で詳述するように、特に日本国内ではデジタルアーカイブの構築に関わる研究や事業の方が、デジタルアーカイブを活用するものよりも存在感が大きいことが指摘されている。しかしながら、どのようにデジタルアーカイブを活用できるかという観点での実践的検討が行われ、そのフィードバックがデジタルアーカイブの構築事業に返ることによって、より良いデジタルアーカイブの構築方針が浮かび上がることもあると思われる。本章は、筆者自身の経験を織り交ぜながら、デジタルアーカイブの構築と活用、これらを架橋することを企図した研究コミュニティの形成に着目することによって、デジタルアーカイブを活用する場をどのように広げていくかという問題にヒントを提供することを目指したい。

本章の構成としては、まず、問題の所在を明らかにするために、（1）デジタルアーカイブに関わるステークホルダーの分類とそれぞれに要求される技能の幅広さについての議論を整理し、次に（2）デジタルアーカイブの活用を志向する研究コミュニティの活動例として、筆者が代表を務めるTokyo Digital Historyを紹介する。そして最後に、（3）このような研究コミュニティ

が若手研究者主導であることの可能性と課題を考察していくこととしたい。

2 デジタルアーカイブに関わるステークホルダーの分類と 要求される技能の幅広さ

　本章では、DH研究の基盤となるデジタルアーカイブのステークホルダーについて、大きく二つに分類して考察することとしたい。すなわち、構築する者と活用する者である。このような分類の背景には、DH研究の手続きに関する、国内外におけるいくつかの議論がある。

　まず考察の出発点として、DH研究は「発見系」「解析系」「可視化系」という三つの系統に分類されると整理した後藤真の研究を取り上げたい[2]。発見系は、「人文系の大規模な情報群・データ群の中から必要なものをいかに効率的に発見することができるか、もしくは研究の目的に沿って見つけることができるかを研究する系統」であり、情報工学系出身の研究者が多い日本のDH学界では、最も多くの研究リソースが割かれている分野であるとされる。発見系研究の具体例としては、メタデータ標準や学術情報流通などが挙げられるだろう。次に、解析系は、「テキストや絵画などをデータ化し、それらのデータをコンピュータプログラムを用いて分析し、人間がやる手法と異なるアプローチを行う系統」である。テキストマイニングやGIS分析、社会ネットワーク分析などが典型例だろうか。そして可視化系は、「研究成果を中心にいかにわかりやすく研究者以外の人びとに見せるかなどを研究する」系統である。展示やデータ・ビジュアライゼーションの成果はもちろん、基礎データの公開などが議論の射程に入ってくるだろうと思われる。後藤のこの分類を引用したのは、日本のDH学界では発見系の研究が多いという指摘を踏まえ、そこから次の系統である解析系研究が少ないことの背景を探っていきたいからである。

　一方、DH研究の手続きに関する海外の議論は、手続きをもう少し細かく分類して整理する傾向にある。このような議論の土台として、ジョン・ア

ンズワース（John Unsworth）による Scholarly Primitives の議論が有名である[3]。このアンズワースの Scholarly Primitives については、永崎研宣による日本語訳と解題に詳しいので[4]、ここではごく簡単に説明しておこう。これはひろく人文学一般における研究上の手続きを類型化した上で、DH研究の枠組みをこの類型に位置付けようとする試みである。この枠組みでは、「時代やメディアを超えて学術研究の基礎となる」要素として、「発見・註釈・比較・参照・サンプリング・例示・表現」が挙げられている。後藤の分類と比べてみると、発見と表現以外の要素については、研究上の手続きを指し示しているように思われるが、この手続き部分が詳細に分類されている印象を受ける。なお、ヨーロッパ人文学デジタルインフラプロジェクトDARIAHは、アンズワースの議論を発展させ、さらに詳細な研究活動とそれぞれに対応するためのDARIAHの提供サービスとの対応関係を定義している（図1）[5]。

primitives	activities	DARIAH technology services	data and service providers
discovering	searching + questioning browsing	generic search; subject-specific search; specialized searches, ...faceted browsing; filtering services; structured retrieval; personalization services	metadata services; external search APIs; interface/API services; information extraction
collecting	gathering	private/shared spaces; indexing (on-demand); workflow services	interface/API services; description services; metadata services;
	organizing	data repository; data federation; data curation; clearinghouse	identification services (PIDs, etc.)
comparing	relating	interface services: viewing; etc.; storage services; workflow services; encoding services	interface/API services; storage services; identification services (PIDs, etc.)
	referring	bibliography services; digital shelves; clustering; recommender systems	
	annotating	annotation services; annotation searches	
delivering	illustrating publishing	visualization services publication services	interface/API services; metadata services; publication services; identification services (PIDs, etc.)
collaborating	networking referring consulting	match-making collective intelligence peer-reviewing	interface/API services; metadata services

図1　DARIAHによるDH研究の手続き類型と対応するサービス

このように、そもそも学術研究の手続きは多岐にわたるものであり、その手続きをデジタル技術で支援しようとすれば、その支援方法をひとつ設計・実装しようとするだけでも専門的な知見・議論が必要となることがわかるだろう。DHが分野横断的な学問分野で、かつ専門分野の違う人間で構成されるチームの共同作業を必要とする理由がうかがえる。

　アン・バーディック（Anne Burdick）らの整理によれば、このような性質を持つDHに携わることから得られる学習成果のひとつとして、「デジタル技術によって促進される研究上の目標や手法、メディアと、個別分野の問いを統合する能力」が挙げられている[6]。その能力とは、すなわち、

　　…人文学に基づく研究上の問題を明らかにし、解釈し、そして分析するために、人文学的な思考の伝統的な道具立て（解釈と批評、歴史観、比較文化社会的分析、文脈付け、アーカイブ研究）を、コンピュータ的な思考の道具立て（情報デザイン、統計分析、地理情報システム、データベース作成、コンピュータグラフィックス）と結びつけること

と定義されており、これを読むだけでも、DH研究の実践には、人文学およびコンピュータ科学的な方法論に習熟する必要性を感じさせる。

　さて、ここまで述べてきたような前提を踏まえると、重要な問題は、DH研究で要求される技能が非常に幅広いため、個別の人文学分野におけるDH技能の応用を指導してくれる教員の下で勉強できることは稀だということである。特に、前述の後藤の指摘にあるように、発見系の人材が多い日本国内のDH学界においては、個別の人文学分野における解析系研究を指導してもらえる場は、発見系のそれに比べて充実していないということになるだろう。もちろん、大阪大学や公立はこだて未来大学などのように、個別分野の研究室を単位とした解析系研究の指導環境はあるが、DH研究・教育を文学部全体あるいは全学に展開しようとするような場合においては、教員と学生の専門分野のミスマッチは必然的に生じてしまうのである。この問題については、

アメリカのデジタル・ヒストリー教育の文脈でも、2019年のアメリカ歴史学協会（American Historical Association）の年次大会で開催された、歴史学の博士課程教育における新たな側面であるデジタル論文に関する座談会の議論を踏まえて、次のように指摘されている。

　　博士課程の学生と指導教員が指導関係を構築するプロセスというものは、そもそも複雑なものである。学生は、最良の状況下でさえ、自分自身の特性を［師弟関係がはらむ］構造的な階層関係とうまく折り合いをつけることに困難を感じることがあるが、デジタル・ヒストリーの学位論文は、指導教員が知っていることと学生が取り組もうとしていることのギャップがしばしば大きくなるため、さらに複雑さが増している。簡単に言えば、指導教員にとって、学生の研究の多くが未知のものであり、教員もまた通常よりはるかに多くのことを学んでいるということである。

　　…座談会に参加した教員は全員、何らかの方法論的な訓練や内容的な知識を持っていて、それが教員にとっての指導の軸になっていたが、学生の仕事と自分の知識の間の距離が、従来のプロジェクトの研究指導のときよりも大きいことを各々が指摘した。…さらに、学生が研究プロジェクトに適用する特定のデジタル手法は、経験豊富なデジタル・ヒストリアンでさえ実践していない可能性がある。[7]

　ここまで述べてきたように、DHの世界に足を踏み入れた者は、その研究手続きの学際性から、教員と学生の専門分野が合致しないという困難に必然的に直面する傾向にある。デジタル方法論を学ぶことができても、その方法論を個別の専門分野に応用して議論を深めるにはどのようにすれば良いのだろうか。言い換えれば、デジタルアーカイブの基本的な活用方法を学ぶことの先にある、個別分野の研究史的文脈と照らし合わせた内容的解釈を深化させるには、どのようにすれば良いのだろうか。このような困難は筆者自身も

経験したことであった。次の節では、この困難を解決すべく立ち上げた研究コミュニティについて紹介しつつ、その意義を考察していきたい。

3　Tokyo Digital History——歴史学におけるデジタルアーカイブの活用を目指して

3-1 独習から協働学習へ

本題に入る前の前提として、筆者自身のDH学習の経歴について簡単に示しておく[8]。筆者は、2014年4月に東京大学大学院西洋史学専門分野の修士課程進学時、東京大学の大学院講義「人文情報学概論」を受講したことがきっかけで、テキストマイニングやText Encoding Initiative（以下TEIと略）に特に関心を持つようになった。翌学期の「人文情報学概論II」は、DHの個人プロジェクト推進を支援することを目的とした演習で、演習の目的は情報処理学会「人文科学とコンピュータ研究会」の学生セッションで発表することであった。筆者は、後に自身のDH分野の専門になる、TEIに準拠した財務記録史料の構造化に関する英語論文の紹介と自身の研究への活用例を示した。2016年春には、この英語論文を翻訳していた縁で、アメリカのボストンで開催された国際ワークショップに招待され、国際学会デビューを果たすことになった。このように、筆者は「人文情報学概論」における学習と成果発信に関する充実した支援を受けることによって、自身のDH研究者としてのキャリアを歩み始めていったのである。

しかし、2016年以降、周囲の環境の変化から、このような独習スタイルからの脱却を図るようになった。2016年5月、第66回日本西洋史学会にて、小シンポジウム「デジタル資源を活用した資料の共有化とこれからの西洋研究への展望」が開催されたのだが[9]、DH関連セッションが西洋史研究の重要な大会で開かれることに大きな期待を抱いて参加したのとは裏腹に、ほかの小シンポジウム会場と比べて参加者は非常に少なかったことを覚えている。自分の専門分野である西洋史学の日本の学会においては、DHの認知度や関

心がまだまだ低いことを痛感させられたのである。折しも、都内の他大学の院生と交流を持つようになり、DHの話をしてみたところ、「DHは面白そうだが、所属先にはDHの講義を受けられる教育課程がないので、勉強の機会に恵まれること自体が珍しいように感じる。あなたが副専攻で学んできたという稀有な経験を活かして、デジタル・ヒストリーを学べる院生主体の勉強会をぜひ立ち上げてほしい」旨の要望をいただいた。このことをきっかけに、まずは自身の所属する西洋史学研究室の院生を対象にした小さなDH勉強会を開催し、テキストマイニングやGISのツール、あるいはプログラミング言語Pythonを扱うようになった。他大学の院生や若手研究者に声をかけ、ある程度人数が集まったこの勉強会を、Tokyo Digital History と名付けたのは、2017年秋のことであった。

せっかく若手研究者を中心に集まるのならば、デジタルアーカイブを歴史研究にフル活用するにはどのようにすれば良いか、失敗を恐れずに試行錯誤して議論を進める場にしたいという思いがメンバー間で生まれるようになった。歴史学の大きな学会では、分析の途中成果物よりもやはり最終成果物の提示が期待されるが、デジタル・ヒストリーの実践には、その最終成果物に至るまでのさまざまな過程に落とし穴や困難が存在するため、このけわしい山道を、共ににぎやかに登ってくれる仲間がいることは心強いことであった。

独習では得られない数多くの学びが、協働学習の場にはあった。独習の段階では、どうしても分析ツールの習熟に気を取られがちであったが、デジタル技術に批判的な同年代の歴史学の院生メンバーとの対話では、やはり個別分野の議論にどう還元されたかを重視することとなり、デジタルアーカイブの表面的な活用にとどまらず、その先にある深い内容的解釈の過程へと進む必要性を感じたものである。

3-2 Tokyo Digital Historyのねらい

自然な成り行きとして、若手研究者たる者、せっかく勉強した内容は成果として世に問うてみようということで、2018年春にシンポジウムを開催

することとしたのであるが、その成果について紹介する前に、Tokyo Digital History立ち上げの際の企画書に触れておきたい[10]。少し長い引用となるが、デジタルアーカイブの構築と活用、この両者を架橋する問題意識が最も表れているものであり、本章の趣旨に沿うと考えたため、以下に記したい。

==

本ワークショップは、4つの目的を設定する。

1. 歴史研究におけるデジタル技術活用の具体例を模索すること
2. 歴史研究のための史資料を提供するアーカイブズ学の成果について、デジタル技術を用いた情報提示のあり方を模索すること
3. データ利用者としての歴史研究者、アーキビスト・ライブラリアンなどデータ提供者、そして両者をつなぐエンジニアの学際的な交流、情報共有の場とすること
4. 歴史研究のための史資料情報の提供からその利用まで、これら一連のプロセス自体を学際的な議論の対象とし、オープンサイエンスの流れの中に歴史研究を位置づけることの意義を考察するために、ワークショップメンバーによる共同研究の成果を発表すること

　近年、デジタルアーカイブの整備により、多くの歴史研究者は研究対象地域に赴かずとも簡単にWEBで史料を入手できるようになった。しかし、しばしば指摘されるように、デジタル情報の活用について言えば、研究者はそれら史料の入手段階にとどまっていることが多い。そこで、それらのデジタル情報を十分に活用した定量的分析手法によって、定性的分析をいっそう深めるための方法論を模索することを第1の目的とする。

　次に、これもしばしば日本国内の状況として指摘されるのは、データ利用者としての歴史研究者に比べ、研究に必要な史資料の管理・整備・情報公開に携わるデータ提供者としてのアーキビストを養成する仕組みが未成熟で、両者の対話がなかなか進んでこなかったことである。しかし、そもそもアー

カイブズ学の成果は歴史研究の基盤をなすものである。すなわち、過去の情報を歴史研究の分析対象たらしめるために、史料の来歴などのコンテクスト情報を史料目録・史料解題として結実させてきたし、それらの成果をコンピュータ可読形式で提供するための国際標準も整備されてきた。そこで、こうしたアーカイブズ学の成果を歴史研究にいかに組み込むか、そして史料のコンテクスト情報をデータ利用者に十分に伝えるためのWEBユーザ・インタフェースはどうあるべきか、といった議論の機会を設けることが第2の目的である。

　これまで述べてきたように、データ提供者とデータ利用者の交流の場を設け、それぞれの学問分野の伝統的な作法にのっとったデジタル表現のあり方を模索するためには、エンジニアの協力が必要不可欠である。データベースの構築やテキストマイニング、画像・パターン認識や統計的なデータ解析、そしてデータ・ビジュアライゼーションといったフィールドの知識・技術は、歴史研究の議論を一挙に加速させる可能性がある。歴史研究に携わる者のニーズに応じて、エンジニアの協力のもとデジタル技術の適用可能性を探るとともに、ワークショップにおいて歴史研究者がデジタル・ヒストリー関連技術の習得を目指すことが第3の目的である。

　そしてこうした学際的な議論を経て、複数回行うワークショップの成果として、希望者による研究発表会を設ける。そこでデジタル人文学に携わる第一線の研究者たちからの批判的検討を仰ぎ、更なる議論の発展を目指すことが第4の目的である。データ提供・データ利用それぞれのプロセスにおいて具体的で学際的な議論が展開されることが望ましい。

==

　ここで述べているように、本章の趣旨と照らし合わせて特に意識していたのは、紙媒体の時代から長らく蓄積されてきたアーカイブズ学の成果を積極的に取り入れようとしていたことである。デジタル時代になっても、文書の生成から伝来、史料群としてのまとまり、コンテクストへの配慮といった要

素を念頭に置くことが肝要だと考えたためである。具体的には、テキストマイニングなどの手法を通じて大規模なデータ分析を実践すると、単語が文脈から切り離されてしまうという懸念が聞かれることがあるが、デジタル化された史料のメタデータを充実させ、解析結果から元々のコンテクストを必要に応じて再帰的に確認できるようにしておけば良いのではないかと考えていたのである。この問題意識は、Tokyo Digital Historyのメンバーによるプロジェクトをベースに、すでに「対話の場としてのデジタルアーカイブ——歴史研究者のためのデータ・リテラシーとウェブデザイン」と題する論文として刊行済みであるため、ご関心の向きはご覧いただきたい[11]。

3-3　Tokyo Digital Historyシンポジウムおよびその後の成果

　前述したように、Tokyo Digital Historyは2018年春にシンポジウムを開催した。シンポジウムの目的は、歴史研究においてデジタル技術を駆使する際のいくつかの指針を提示すべく、歴史研究者・アーキビスト・エンジニアの学際的協働に基づく議論を展開することであった。具体的な構成としては、歴史研究が生み出されるまでの4つのプロセス、すなわち「情報の入手」「情報の分析」「情報の表現」「情報の公開」に着目し、それぞれに関連の深いデジタル技術や知識を提示し、それらを活用した具体的な歴史学的実践例を示したものである。さまざまな学協会、機関による広報活動の援助も得ることができ、事前申込者93人、当日来場者70人と盛況であった。図2は、同シンポジウムの開催概要ポスター、図3は上記4つのプロセスとそれぞれに関連深いデジタル技術や枠組みとしてシンポジウムで紹介したものの関係図である。

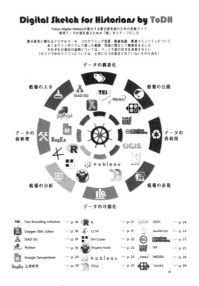

図2　Tokyo Digital Historyシンポジウム
開催概要ポスター

図3　シンポジウムで提示したデジタル技術
マップ

　このシンポジウムの開催報告に関しても一定の反響をいただき[12]、Tokyo
Digital Historyのメンバーはいくつかの学会やシンポジウムでも別の発表を
する機会に恵まれた。本章の趣旨からして重要であったのは、2018年7月6
日に開催された国際シンポジウム「デジタル時代における人文学の学術基盤
をめぐって（主催 科研基盤（S）仏教学新知識基盤の構築：次世代人文学の先
進的モデルの提示）」におけるポスター／デモンストレーション発表のひとつ
として招待をいただいたことである[13]。その中で、Tokyo Digital Historyは、
「ほかのポスター／デモンストレーション発表が、いわゆるデジタルアーカ
イブの構築に関するものだとすると、Tokyo Digital Historyの取り組みは、若
手研究者によるデジタルアーカイブの活用に向けたものとして評価できる」
と主催者から位置付けられ、Tokyo Digital Historyの立ち上げから意識して活
動していた内容が評価されたと感じた瞬間であった。

4 若手研究者が直面する課題

　本章の締めくくりとして、これまで紹介してきたTokyo Digital Historyの取り組みが、若手研究者主導によるものであったことの課題について考察していきたい。

　ただし、まず課題を述べる前に、前向きな点についても論考を紹介したい。菊池信彦は、若手研究者問題を背景に、Tokyo Digital Historyの取り組みを一部紹介しつつ、デジタル・ヒストリーを含むDH研究に若手研究者が取り組むことのメリットを論じている[14]。本章の2でも述べたような、幅広い技能の習得が期待できるDH教育・研究を通して、職業研究者以外のキャリアパスも開かれることの積極的価値を考察したものとなっており、本章執筆時点でもTokyo Digital Historyメンバーがさまざまな種類のキャリアを歩んでいることとも親和的である。

　さて、最後に課題として考察したいのは、学問分野としてデジタル・ヒストリーのすそ野をより広げていくには、若手研究者の取り組みだけでは必ずしも充分でないということである。たしかに、前述の国際シンポジウムでTokyo Digital Historyが一定の評価を得ることはできたが、それは、日本国内の歴史学分野においてはデジタルアーカイブを活用することを志向したコミュニティがまだ充分に広がっていないことの裏返しでもあると思われる。院生主体の若手研究者コミュニティの活動が取り立てて評価されるという現実は、年代・キャリア双方の面において成熟した研究者を巻き込んだ成果やその発信が充分でないことと表裏一体なのではないかと考えている。

　実際、デジタル・ヒストリーが若手研究者が主導する学問的潮流であることを批判する向きもある。大澤肇は、中国語圏の学術資源デジタル化の潮流をまとめた論考の中で、南京大学のデジタル・ヒストリアンである王濤の議論を次のように紹介している。

　　［王は］デジタルヒストリーの問題点について「デジタルヒストリーはポ

テンシャルがあるが、多くのプロジェクトでは、見せ方[や、そのツール]にこだわるばかりで、何を説明し解釈しているのかわからない。歴史学専攻の立場からすると、多くのプロジェクトは未完成のままで、ただ材料を提供しているに過ぎないように思われる。その原因は2つある。1つは[デジタルヒストリー研究に従事しているのは]50代未満の若い研究者がほとんどであり、[彼・彼女らは]多彩なツールを使うことには長けていても解釈の能力に劣っていること。2つめは、デジタルヒューマニティーズはデータ・ドリヴン（data-driven）を強調し、伝統史学の[方法論である]アーギュメント・ドリヴン（argument-driven）と距離があること」と指摘している。

　ここで述べられているのは、本章でも触れたような、デジタルアーカイブの表面的な活用とDHのツール類への集中にとどまり、深い内容的解釈に踏み込まない研究への批判である。DHに取り組む若手研究者が、人文学者としても研鑽を積む必要があることを痛烈に批判したものとして読めるだろう。
　このような批判に対しては、若手研究者自身がさらに訓練を積むこと以外にも、コミュニティの構成メンバーの年代・キャリアに幅を持たせることも重要な対策であるだろうと思われる。たとえば、イギリスのロンドン大学歴史学研究所（Institute of Historical Research）では、2012年からDigital History Seminarが毎年開催されており、最近の企画の中には、博士課程の院生によるパネルディスカッションが年1回開催されるなど、たしかに若手研究者の活躍も見られる。しかし、このDigital History Seminarは、その主催者や過去の主催者の名簿を見てみると、英国図書館でデジタル化事業に携わるミア・リッジ（Mia Ridge）、Programming Historianの創設者として著名なアダム・クラインブル（Adam Crymble）、アメリカ歴史学協会のセス・デンボー（Seth Denbo）、そして近世イングランド法制史分野のデジタル・ヒストリアンとして評価の高いティム・ヒッチコック（Tim Hitchcock）が名を連ねている [15]。このような構成からわかるのは、DH関連研究をコミュニティとして推進・

議論していく場では、若手・中堅・シニアといったようなキャリア面での幅広さが確保されていることが重要だということである。

　最後に、近世イギリス史の泰斗である近藤和彦の言を借りて、本章を締めくくりたい。

　　…めざましく充実したディジタル・データベースを基に自由に分析した「ペーパー」が生まれると、古き良き世代から違和感が表明されることがある。史料はただのデータではない、手稿や刊本の来歴もものとしての形状もおろそかにしてはならず、歴史的遺産へのリスペクトなしの歴史研究はありえない、と。これは歴史的材料(historical material)である史料についての正論で、だれも反対できない。とはいえ、正論が自由な研究を押しつぶしてよいことにはならない。不幸なズレを埋めるのは、第1に大学院における世代間の相互教育だろうし、第2には本人と友人たちの試行錯誤の蓄積による新しい見識だろう[16]。

　この引用に端的に示されているように、デジタル技術を個別分野に応用すること、言い換えれば、個別分野におけるデジタルアーカイブの活用の是非については、デジタル技術への習熟度合いや賛否の程度の違う世代間の交流と建設的な相互対話を通して検討されるべきであり、やはり最終成果物に到達する以前の途中生成物を議論の対象とした試行錯誤の場が重要であるということではないだろうか。

　注
1)　古賀崇(2017)「「デジタル・アーカイブ」の多様化をめぐる動向――日本と海外の概念を比較して」『アート・ドキュメンテーション研究』24，75-76.
2)　後藤真(2018)「日本における人文情報学の全体像と総合資料学」『歴史研究と〈総合資料学〉』国立歴史民俗博物館編，吉川弘文館，1-16.
3)　Unsworth, J. (2000) Scholarly Primitives: what methods do humanities researchers have in common, and how might our tools reflect this?, Symposium on Humanities Computing:

Formal Methods, Experimental Practice, http://people.virginia.edu/~jmu2m/Kings.5-00/primitives.html

4）「Scholarly primitives: 最近デジタル人文学で話題になっている話」digitalnagasaki のブログ、2020年12月10日、https://digitalnagasaki.hatenablog.com/entry/2020/12/10/052241（最終アクセス：2022年5月30日。本章記載のURLの最終アクセス日は以下も同様）

5）Anderson, S., Blanke, T., & Dunn, S. (2010) Methodological Commons: Arts and Humanities e-Science Fundamentals. *Philosophical Transactions of the Royal Society A: Mathematical, Physical and Engineering Sciences*, 368 (1925), 3779-3796, doi: 10.1098/rsta.2010.0156

6）Burdick, A., Drucker, J., Lunenfeld, P., Presner, T., & Schnapp, J. (2012) *Digital_Humanities*. Cambridge, MA: MIT Press, SG14. 日本語訳は、中川友喜・長野壮一・柏達己・原木万紀子・鈴木親彦・王一凡訳「デジタル・ヒューマニティーズ入門（日本語訳）」2012年、https://21dzk.l.u-tokyo.ac.jp/DHI/index.php?sg2dh から引用した。

7）Sharpe, C. T. V. (2019) Digital Dissertations and the Changing Nature of Doctoral Work. Perspectives on History, April 2019, Perspectives Daily, https://www.historians.org/publications-and-directories/perspectives-on-history/april-2019/digital-dissertations-and-the-changing-nature-of-doctoral-work

8）DH学習の詳細な経歴などについては、小風尚樹(2016)「歴史研究とデジタル・ヒューマニティーズの相関」東京大学機関リポジトリ、http://hdl.handle.net/2261/60849 にまとめてある。

9）http://seiyoushigakkai.org/2016/index.html

10）小風尚樹(2018)「ここからはじめる日本のデジタル・ヒストリー ——Tokyo Digital History の立ち上げによせて」文学通信ブログ、2018年5月16日、https://bungaku-report.com/blog/2018/05/tokyo-digital-historyd3.html

11）小風尚樹・中村覚・金甫榮・清原和之・福田真人・田中聡(2018)「対話の場としてのデジタルアーカイブ——歴史研究者のためのデータ・リテラシーとウェブデザイン(歴史家とアーキビストの対話(第4回))」『歴史学研究』974，31–38.

12）小風尚樹・中村覚・纓田宗紀・山王綾乃・小林拓実・清原和之・金甫榮・福田真人・山崎翔平・槇野翔・小川潤・橋本雄太・宮本隆史・菊池信彦・後藤真・崎山直樹・元ナミ・加藤諭「デジタル・ヒストリー入門——2018 Spring Tokyo Digital History Symposium開催報告」東京大学機関リポジトリ、2018年、http://hdl.handle.net/2261/00074493

13）https://21dzk.l.u-tokyo.ac.jp/kibans/sympo2018/

14）菊池信彦(2018)「デジタルヒストリーの動向——「若手研究者問題」を背景に」

『フェネストラ　京大西洋史学報』1, 9-16.

15)　https://ihrdighist.blogs.sas.ac.uk/

16)　近藤和彦(2020)「ECCOから見えるディジタル史料の宇宙」『歴史学研究』1000, 29.

参考文献

Anderson, S., Blanke, T., & Dunn, S. (2010) Methodological Commons: Arts and Humanities e-Science Fundamentals. *Philosophical Transactions of the Royal Society A*, 368 (1925), 3779-3796, doi: 10.1098/rsta.2010.0156.

Burdick, A., Drucker, J., Lunenfeld, P., Presner, T., & Schnapp, J. (2012) *Digital_Humanities*, MIT Press(部分訳：中川友喜・長野壮一・柏達己・原木万紀子・鈴木親彦・王一凡訳「デジタル・ヒューマニティーズ入門(日本語訳)」2012年、https://21dzk.l.u-tokyo.ac.jp/DHI/index.php?sg2dh) .

Sharpe, C. T. V. (2019) Digital Dissertations and the Changing Nature of Doctoral Work. *Perspectives on History*, April 2019, Perspectives Daily, https://www.historians.org/publications-and-directories/perspectives-on-history/april-2019/digital-dissertations-and-the-changing-nature-of-doctoral-work.

Unsworth, J. (2000) Scholarly Primitives: what methods do humanities researchers have in common, and how might our tools reflect this? Symposium on Humanities Computing: Formal Methods, Experimental Practice, http://people.virginia.edu/~jmu2m/Kings.5-00/primitives.html.

大澤肇(2020)「中国語圏の電子図書館・データベースと中国近現代史研究——アウトリーチ活動を中心にして」『歴史学研究』1000, 11-23.

菊池信彦(2018)「デジタルヒストリーの動向——「若手研究者問題」を背景に」『フェネストラ　京大西洋史学報』1, 9-16.

小風尚樹(2018)「ここからはじめる日本のデジタル・ヒストリー——Tokyo Digital Historyの立ち上げによせて」文学通信ブログ、2018年5月16日、https://bungaku-report.com/blog/2018/05/tokyo-digital-historyd3.html

小風尚樹・中村覚・櫻田宗紀・山王綾乃・小林拓実・清原和之・金甫榮・福田真人・山崎翔平・槇野翔・小川潤・橋本雄太・宮本隆史・菊池信彦・後藤真・崎山直樹・元ナミ・加藤諭(2018)「デジタル・ヒストリー入門——2018 Spring Tokyo Digital History Symposium開催報告」東京大学機関リポジトリ、http://hdl.handle.net/2261/00074493

小風尚樹・中村覚・金甫榮・清原和之・福田真人・田中聡(2018)「対話の場としての

デジタルアーカイブ——歴史研究者のためのデータ・リテラシーとウェブデザイン（歴史家とアーキビストの対話（第4回））」『歴史学研究』974，31-38.

小風尚樹（2016）「歴史研究とデジタル・ヒューマニティーズの相関」東京大学機関リポジトリ、http://hdl.handle.net/2261/60849

近藤和彦（2020）「ECCOから見えるディジタル史料の宇宙」『歴史学研究』1000，24-31.

後藤真（2018）「日本における人文情報学の全体像と総合資料学」『歴史研究と〈総合資料学〉』国立歴史民俗博物館編，吉川弘文館，1-16.

第8章

デジタル・ヒューマニティーズ研究を通じたデータサイエンティスト育成の試み

村井 源

1　はじめに

1-1　本章の目的

　大学におけるデジタル・ヒューマニティーズ分野での研究指導を手掛けるようになってからかれこれ15年ほどになるだろうか。論文指導をした中には当分野の研究者として活躍してくれているケースもあり、喜ばしい限りである。ただ、最初に結論から申し上げると、デジタル・ヒューマニティーズ自体が新しい学問であり、デジタル・ヒューマニティーズ人材の教育方法に関しては筆者も未だに手探りで進めているのが正直なところである。本章ではデジタル・ヒューマニティーズ教育方法の一つの実践例として、当研究室での試みを紹介する。分野全体としてよりよい方法論が開拓されるためには、今後是非皆様の研究室での実践例や知見も共有いただけると理想的である。

1-2　目指すは人文系データサイエンティスト

　デジタル・ヒューマニティーズというと一分野のようであるが、扱っている領域、方法論、思想の幅は非常に広い。そのため、限られた期間で学生・

院生に何かを身に着けてもらおうとすると、いかに焦点を絞るかが問題となる。またそのためには、将来の進路に関してもある程度具体的なイメージを持ち、それに向けて有用と思われる技術を優先的に身に着けるという意識が必要である。

　実際問題として、デジタル・ヒューマニティーズを専攻した学生が当該分野の研究者になるケースは少数である。現在筆者は地方公立大学に籍を置いているが、そもそも博士号取得や研究者の育成は例外的なケースと言えよう。そのため、基本的には筆者は人文学的素養のあるデータサイエンティストを育てるという認識で教育に当たることにしている。もちろんその中から研究者を志す学生が出てきてくれればうれしいことには間違いないのだが。

　世間的にはデータサイエンティストには人文学的素養など必要ないというご意見もあるかもしれない(本書の読者にはそういう方はあまりいらっしゃらないと期待したい)。大学で人文学に取り組む意義は様々に考えられるが、人間と人間性ついてより深く洞察しようとする思考の枠組みを学ぶこともそのうちの一つであろう。人文学の素養を身に着けることで、無味乾燥なデータの羅列の向こう側に、リアルな人間とその生きざまを感じ取れる想像力と感性を育む、これが筆者の個人的な最終目標である。

　以下では研究の流れに沿って、当研究室での試みを紹介する。

2　研究計画の策定

　学生の研究計画を立てる段階で設定している大きな方針は下記の三つである。

・一連の流れを経験する：データ化から分析、考察まで自力で行う
・背景知識の活用：自分が胸を張って面白い／有意義であると言えることを対象にする
・計画性を学ぶ：研究計画は自分で立て、かつ定期的に見直す

2-1　一連の流れを経験する

　現実にある複雑な事象を単純化してデジタルデータに変形し、そこから特徴を読み取るという一連のプロセスをとにかく一通り自力でできるようにするということを第一の目標として立てている。

　特定のデジタル化手法やアーカイビング手法に深くコミットして技術を磨く、あるいは逆に既存のデジタルデータを用いて人文学的な解釈を導き出すことのみに注力するという方向性も考えられるが、シンプルで小規模でも良いのでまずはすべて自分の手で行うようにお願いしている。また、データ化から分析と解釈までのプロセスは数か月から半年、長くても一年以内で終わるように設計している。

　現実の事象には数限りない属性を設定可能だが、特に人文学系の対象の場合には影響力が大きく見える属性であっても何がどのように影響しているか明確ではないケースが少なくない。どのような構造のデータセットを構築するのか、何はどの程度詳細に記述すべきか、何は省略可能か、これらの疑問に対して普遍的に解答可能な黄金律は存在しない。

　データ化すべき対象の絞り込み、データの粒度・精度の設定においては「何のための」データかを常に考える必要がある。つまり、適切なデータ化をできるようになるためには、そのデータを用いる側の立場を理解することが重要である。そこで、小規模でも良いので、自分の目的に合わせたデータセットを自力で構築し、それを統計的に解析するところまでをセットとして研究テーマを設定している。数理的な分析によってデータの性質がより深く理解できるようになり、その知見をもってデータ記述方法、分類方法を再考するという解釈学的循環を狙った取り組みである。

2-2　背景知識の活用

　デジタル・ヒューマニティーズ領域を対象としたデジタルアーカイブを用いた研究の場合、人文学的な対象を理解するための背景的知識や分析・考察の枠組みも必要になる。人文学的な考察を行うためには、対象それ自体だけ

ではなく、関連する周辺のデータの調査が不可欠であり、それだけでも莫大な時間がかかる。そのため、分析対象に関して全てをゼロから理解することは非常に難易度の高い課題設定になってしまう。

　また、特に大学院で研究を行う場合には、研究モチベーションの維持も重要な課題である。結果と社会における効果の分かりやすい工学的な研究と異なり、人文学的な問題意識を持った研究の場合にはなぜこの研究をしているのか、意味があるのかと問い続けざるを得ないことでメンタルに不調を抱えてしまうケースも少なくない。

　これらの問題を解決するための方策として、学生自身がのめりこむほどに好きなものを分析対象の主軸に据えるというのが二つ目の方針を立てた目的である。自分が本当に好きなものであれば、必然的に背景的な知識が蓄えられており、かつその価値を理解できる場合が多い。当然ながら研究のモチベーションも維持しやすい。ただし、例えば小説やマンガなど現代流通している作品分析の場合には完全なユーザーとして消費する側に回っているケースでは、この方策はあまり効果を発揮しない。ある程度作者の意図や作品創出の背景にまで意識を巡らせた、一段階深い読みが自然とできていることが必須の条件にはなってくる。

　当研究室はテキストや物語を扱っているので、結果として選ばれる研究テーマは現代のエンターテイメントに偏りがちであり、その点で批判を受けることもままある。ただ、現状ではマンガ、アニメ、ゲーム、あるいはライトノベルなど現代日本のエンターテイメントコンテンツを科学的に分析する研究は他ではほとんど扱われていないため、これはこれで学術的には有意義ではないかと個人的には考えている。

　面白いことに、現代作品に取り組んでみると、物語構造の統計的な特徴には神話の時代から大きな変化はないという点が明らかになってきた[1]。つまりエンターテイメントとひとくくりにされる作品の中にも、時代を超えた普遍性を獲得した作品は含まれているはずである。特に、長期間にわたり多くの人々を熱狂させる力を持ったコンテンツには何かしら人間の本質を突く深

さがあるのではないだろうか。良質で深い解釈の可能な作品を初期段階で丁寧に選別することができれば、エンターテイメントなどの領域も研究対象として成立させることが可能ではないかと考えている。

2-3　計画性を学ぶ

　三番目の研究計画立案に関しては、自分で実現可能な予定を立てて管理する能力を養うという教育的な目的が主である。効率だけを考えるならば、教員が主導して研究計画を立てた方が良い場合もあるかもしれない。しかし、目標を自分で設定し、残りの作業量を見積もってそれに合わせて常に計画を見直すプロセスを何度も繰り返すことがスケジュール管理能力を身に着ける上では必要ではないだろうか。研究テーマ設定に当たっても、一般的な新規性・有用性に合わせて、期間内に終わる見込みが立つこと、必要なリソースが入手可能であることを研究開始前に必ず自分でチェックするようにと、少々うっとうしがられてもしつこく言うことにしている。

3　データの選別と収集

3-1　データ収集と選別の重要性

　デジタルアーカイブを用いた研究の場合、研究テーマが決まったらまずデータセットを構築する必要があるが、卒業論文や修士論文の場合、最初のデータセットの選択を失敗してしまった場合に後からもう一度やり直すことは時間の制約上非常に厳しい。そのため、とりあえず何かに手を付けるということは避け、最初にいくつかの観点から検討したうえでデータセットを選択してもらうようにしている。

　データセット選択の際に最初に考えてもらうのは当然ながら「何のためのデータか」である。たとえ同じ現代日本文学の計量的手法を用いた研究であっても、何を知りたいのか、何がしたいのかという目的によって適切なデータセットは当然ながら全く異なる。

「○○を研究対象にしたい」という提案があった場合には、まずそのデータセットを使えば何を明らかにできると予想できるのか、そしてその根拠は何か、ゼミでのディスカッションを通じて検討を行う。逆に「□□を明らかにしたい」という提案の場合には、それを実現できるデータセットにどのようなものが考えられるのかをディスカッションしていく。

ディスカッションの結果、「○○を使えば□□を明らかにできそうだ」という見通しが立てばデータセットの選別の第一フェーズは終了である。この段階でデータ化や分析の方法論の候補に関しても見通しが立っていると理想的である。

3-2 データの価値をどのように評価するか

データセット選択で、次に確認しておくべきは対象の価値と代表性であろう。

例えば夏目漱石のように、すでに評価が定まっており、研究上の価値に疑義の生じない場合には作品の価値の評価はほとんど問題にならない（比較対象の文豪として誰が適切かには諸説出るだろうが）。しかし、例えば恋愛物語における平均的な物語構造パターンの抽出といった研究テーマの場合には、分析対象作品の選別の方略が大きな問題となる[2]。どの年代を対象にするのか、小説、映画、漫画など様々なジャンル中でどれを選択すべきか、小説を対象とする場合にはどの作者・出版社にすればよいのか、など検討すべき項目は多い。

特定の文化における特徴の抽出を目的とした場合には、多くの場合はその時代を代表するような作品を複数選択して共通性などを分析すればよいかもしれない。しかし、その場合に対象として適しているのはどのような作品であろうか？そもそも、ある時代を適切に代表するデータセットとは何か？これらの問いに対しては明確な回答を出すことは困難ではあるが、研究対象とする以上、何らかの観点から一定の妥当性を主張する必要は生じる。特に、現代の作品、中でもエンターテイメント分野のものなどを扱う場合には、そ

れが研究対象として適切かつ有意義であることを説得できる材料が必要不可欠になる。

　ある文化を代表するということの意味は様々に考えられるが、価値の高い特筆すべき作品である、あるいは平均的かつ普遍的な作品である、などの条件を満たしていればおそらく代表的と言っても差し支えないであろう。では、まず価値の高い特筆すべき作品であるか否かはどのように判定すればよいだろうか。この点に関しても様々な角度から主張が可能であろうが、例えば下記のような観点は利用可能ではないかと考えている。

・第三者による評価
・受容の広がり
・同時代・後世への影響

　まず第三者の評価であるが、これは大きく分けて専門家によるものとそれ以外がある。当該分野の専門家が論文や批評等で高く評価する場合、学術的には分析対象としての妥当性は主張しやすい。専門家以外からの評価は例えばランキングや人気投票、レビューの統計的な分析結果などを利用することになるが、この場合も数値的な根拠を明示化できれば社会的な影響力という観点から妥当性を主張可能である。ただし、ソースとなるランキングやレビューの妥当性も合わせて検証が必要ではある。

　次に受容の広がりであるが、これは通時的傾向と共時的傾向どちらの観点からも検討可能である。通時的傾向としては、長年にわたって流通し続ける、売り上げなどが一定を維持し続けているという点が評価対象となる。数値的な客観指標としては提示しにくいが、例えば近年のエンターテイメント作品でも手塚治虫作品などは、50年以上にわたって一定の地位を保ち続けており、学術的な分析対象として妥当と考えることも可能ではないだろうか[3]。

　共時的傾向としては、売上や販売部数、興行成績、視聴率、認知度など短期間での数値的な指標を利用可能である。ただ筆者の個人的な印象としては、

共時的な瞬間風速的指標が高い場合でも、通時的な評価が著しく低い、換言すればブームが過ぎ去ると誰も覚えていないような種類の対象は、目新しさ奇抜さなどで評価されている場合が多く、作品自体の質が高いとは必ずしも言えないように見受けられる。また、特定の年齢層や性別のみに強く訴求するような対象よりも、老若男女に幅広く受け入れられる対象の方が人間の感性のメカニズムの本質に迫る上では有用と思われる。なお当然ながら、性差や年齢差を検証したい場合には特定の年齢層や性別のみに強く訴求する対象を分析することが有意義である。

　最後に、同時代・後世への影響という観点からは多くの作者や作品に与えたインパクトの大きさがどの程度かがポイントとなる。この種の影響力を示す数値的な指標としては、明示的な引用・参照関係などの根拠が一定量ある場合にはそれをカウントすればよい。引用・参照関係の計量はBibliometricsやScientometricsの代表的な手法であり[4]、単純な頻度以外にも共引用や書誌結合など高次の特徴量を用いて複雑な関係性を分析することも可能である。直接的な引用・参照関係が利用困難な場合には、後世の批評文や解説文などで言及される作品間の影響関係を利用する手法も考えられる。後世の研究者が複数の作品間に影響関係を見出しているからと言って、実際に影響関係があったことには必ずしもならないが、複数の研究者が同様の言及をしていたり、その説が広く受容されたりしている場合には十分に考慮すべき根拠と言えるだろう。

　研究を遂行する上で適切な価値を担保した学術的に分析すべき有意義な分析対象であるという主張を構築可能か否かの判定は、これらの複数の観点を総合的に用いることが有用ではないかと考えている。

　他方で、研究の目的が対象の平均的あるいは普遍的な特徴の抽出である場合には話は異なってくる。例えば我々が主に研究対象としている物語の場合、正確な平均値をとる、あるいは平均的な作品をピックアップするということが非常に困難である。そもそも社会において作られ受容されるすべての物語を把握することは実質的に不可能である。全体像を把握できない以上、当然

ながら平均値は算出できない。このような場合には領域を限定する、ランダムサンプリングを実施するなどの手法を組み合わせて用いる必要が生じる。

　例えば、1970年代の文学作品すべてを平均することは当然できないが、1970年代の芥川賞受賞作品のみに限定すれば何らかの平均的な指標は抽出可能になる。国立国語研が作成している現代日本語書き言葉均衡コーパスでは、図書館に収録されている書籍を対象にランダムサンプリングを行い、コーパス収録作品を決定している。図書館収蔵作品は量としては大規模だが有限であり、かつリストが取得できるため計量的な処理が可能である。

　このように何らかの条件を付与することで、対象領域を全体像が把握可能な(リストを構築可能な)サブセットに限定するということは、平均的な特徴を取得可能にする場合に有効である。ただしこの場合、ランダムサンプリング対象となる全対象のリストの構築を、どのリソースを根拠にして実施するか、どこまで網羅するかなど決定すべき項目はいくつかある。どのリソースであれば学術的な根拠とみなして問題ないかというリテラシーの実践的教育も含めてこの辺りの検証を丁寧に進めることは有意義であろう。

3-3　必要となるデータの規模

　データの価値と並んで重要なのがデータの量である。伝統的な人文学のようにケーススタディ的な分析を行うのであれば、データ件数は数点、場合によっては特に質の高いもの一つあればそれで充分である。しかし、データセットをデジタル化し、コンピュータを用いて統計的な分析を行う場合には、一定の量がなければ有意な結果を得ることができない。

　「なぜそんなにたくさんデータが必要なんですか?」というような質問が出た場合には、データ量が多いほど利用可能な分析手法が増えることを下記のような非常に大雑把な目安で説明するようにしている。

・50以上　単純な t 検定や χ 二乗検定など
・100〜500以上　因子分析や重回帰分析などの多変量解析

・1000〜5000以上　3層パーセプトロンなどの単純なニューラルネットワーク

・10000〜100000以上　一般的な機械学習や近年の Deep Learning

　とはいえ、物語分析や文学研究の場合には、語彙数やセンテンス数がデータの数となる文体分析など一部を除いて、データの構築はほぼ手作業になるためかなり時間をかけても1000の桁に届くのがやっとということが多い。しかしそれでも3桁は超えてこないと、利用可能な手法が非常に限られてしまう。

　なお、データの個数の数え方は、分析の単位に依存して変化する。例えばテキストの場合、書籍単位での分析なのか、本の中の各章の単位、段落単位、文単位、あるいは単語の単位なのかなどで、同じ対象であってもデータとしての個数は異なる。そのため、データセット選択においては、ある程度分析手法とその対象データの単位の見通しまで立てられていることが望ましい。

　このように量が得られるかどうかが非常に重要であるため、データセットの選別過程でどの程度の量を集められるか早い段階で見通しを立てるようにお願いしている。また、実際にデータ化等の作業を開始した段階で、収集・デジタル化にどの程度の期間が必要になるのかを、データ化の作業時間を計測して見通しを立ててもらっている。作業時間は慣れると短縮できるので、最初の段階での速度から正確に見積もることはできないが、1000個のデータ化が可能なのか、実際には100個程度の量しかできないのかというような大まかな予測は早い段階で知れることが望ましい。得られるデータが十分な量にならない場合には、対象データ、分析方法、分析の単位などを根本から見直す必要があるためである。

　非常にユニークで面白い切り口なのだが、どう考えても必要なデータ量が集まらない惜しい研究テーマを提案されることも多々ある。そのようなときにも、上記のような利用可能な手法とデータ数の関係を説明して再考を促すことにしている。

3-4　データの比較対象

　データ選別時にもう一つ忘れずに考えておかなければならないのが、「何と比較するか」という設定である。数値で表されたあるデータに特徴があるということは、基本的には「多い」あるいは「少ない」のいずれかである。「多い」の中も細かく分けると量が多い、頻度が多い、変化量が多いなどさまざまであるが、高次の特徴量の場合であっても何らかの指標で「多い」あるいは「少ない」ことが特定できれば特徴を抽出できたと言える。しかし、「多い」あるいは「少ない」は相対的な概念であるため、分析したい対象のデータのみからは判断が困難である（回避方法もなくはないが）。そこで必要となるのが比較対象である。平均値のようなものが広く知られている、あるいは一般的なふるまいなどが先行研究で明らかにされている対象の場合にはそれを比較対象として用いる方略も考えられるが、人文学系のデータセットに関してはそもそもデジタルで利用可能なものがごく少数であり、既存のデータが研究目的に運よくフィットすることはあまりない。

　つまり、アーカイブを構築して特徴抽出をしたい場合には、データセットを選択する段階で、分析したいデータと比較対象データをペアで決めておく必要がある。

　例えば夏目漱石の特徴を分析したい場合に、同時代の文豪と夏目漱石の違いを知りたいのであれば夏目漱石のデータセット構築に合わせて明治初期の著名な文豪に絞って作品を集めてコーパスを作成し、比較分析を実施すれば夏目漱石の特徴を出すことができる。あるいは、近現代の文学の中での位置づけをしたいのであれば夏目漱石のデータセット構築に合わせて近現代の平均的な文学作品コーパスを作成する必要がある。このように同様のデータが多数ある中で、自分はどのような比較をするために何を集めるべきであるかという問題は完全に目的依存である。

3-5　データ選別の重要性の自覚

　データ選別に関して長々と書かせていただいたが、研究の初期の段階でこ

のことを強く意識しなければ、莫大な労力をかけて研究に寄与しないデータベースを構築することになってしまう。先にも述べたように卒業論文・修士論文ではやり直しが非常に難しいため、必ず最初の段階で時間をかけて選別を進めるように気を付けている。

　また、データの価値や比較対象に問題がなく、専業の研究者であれば数年かけて実現可能なデータセット構築の場合であっても、学生・院生の期間内では実質的に不可能と予測できる場合にはランダムサンプリングなどを用いて適切に間引きしておく必要がある。

　逆に、汎用的な目的で用いるデータセットとしてみた場合には欠けている部分があったとしても、研究目的に合致する必要なデータが網羅できていればそれは合格と言える。職業としての研究者と異なり、非常に短い期間の中で何らかの成果をあげる必要がある学生研究では、このようなある種の割り切りも重要なポイントではないだろうか。

　データ選別にそれほど時間をかけずに早く分析やシステム開発を始めたいという声も当然出てくるが、「質の高いデータを十分な量集められれば、その時点ですでに半分目的は達成したに等しい」と説明して辛抱してもらうようにしている。

　上記のデータ選別に関するいくつかのチェックポイントをクリアできていれば、修士論文の審査や学会発表での頻出質問の一つ「なぜそのデータを研究対象に選んだのですか？」にはきちんと返答ができるようになっているはずである。

3-6　デジタル化とは何か

　卒業論文に手を付けた時点では、ほとんどの学生はデジタルデータとアナログデータの違いを意識できていない。そのため、対象をデジタル化する、コンピュータで扱える状態にするという場合に何に気を付けなければいけないかはあまり考えていない（そのような講義はほぼ受けてきていないはずなので、ある意味では当然）。

一般的な文脈では、デジタルが新しくアナログが古いといったニュアンス
で語られる場合も少なくない。そのため、デジタルデータやデジタル化とい
うとアナログよりも精度が良いとか高品質であるといった誤解をされる場合
もある。そこで、デジタル化はある側面で対象を切った断面に過ぎず、どこ
まで行ってもすべてをデータ化することは原理的に不可能だと機会あるごと
に説明することにしている。

　コンピュータで扱えるデータは、どれだけ努力したところで現実世界にあ
る実際の現象を誤差の混じった形で部分的に取り込んだものに過ぎない。こ
の認識がなければ、研究用のデータ作成で必要な精度で必要な部分を取捨選
択することの大切さを理解することは当然できない。また、必要な情報が不
足している場合には何度でもアナログに立ち戻り、もう一度何をデジタル化
すべきか検討するプロセスの重要性もぜひ理解してもらいたい。

　オリジナルデータは、たとえデジタル化が完了しても、すぐに入手可能な
場合などを除き保管必須である。人文系出身の場合はこの辺りは教えなくて
も分かっている場合が少なくないのだが、理工系のみで教育を受けると古い
資料はデジタル化して全て捨てればよいなど言い出すこともある。テキスト
形式で文字コード化した場合に消えてしまう情報は様々にあるが、例えば
フォントの形状とサイズ、異体字、印刷のゆがみや場合によってはシミや汚
れ、紙の質まで研究目的に依存して必要な情報の範囲は全く変わってくると
いうことは早い段階で知っておいた方が良いだろう。

4　タグ付けと分類

4-1　メタデータ・タグの付与

　多くのデジタルデータにおいてメタデータやアノテーションによるタグ付
けが重要であることは言うまでもない。すでに記号化されているテキスト
データ場合も、そのテキストが表している意味に関して適切なタグを付与で
きるかで研究の成否が決まると言っても過言ではない。またメタデータが適

切に付与されていないデータは分析しても結果の解釈が困難で、たいてい的外れにならざるを得ない。

　メタデータに関しては学部や修士の段階ではDublin Coreに準拠するようなところまでは求めないが、誰がいつどのような目的で作成した対象を、分析者がいつどのように取得したデジタル化であるかは意識するよう注意を促すことにしている。

　我々の研究室で扱うテキストデータのタグ付けの場合、テキスト中の個々の要素に関する人文情報学的な観点からのタグ付けにはTEI（Text Encoding Initiative）のような洗練された技法があり、自然言語処理的な観点からのタグ付けの場合には形態素解析や係り受け解析のための種々のツールが利用可能である。他に、認知言語学や社会言語学、語用論などの観点からは内容分析やプロトコル分析のような手法も有用である。またタグ付けのプロセスや精度自体を研究目的とする場合には例えば近年のNER（Named Entity Recognition）などを用いるという方法もありうる。

　タグ付けはデータ化というよりはどちらかというと分析の手法であり、どのようなタグを付与すべきかは完全に研究目的に依存する。学部生や修士院生の場合にはこれらの多くの技法を一通り学ぶための十分な時間はないため、個々の研究目的に応じて必要な箇所を勉強するように促すのが現実的なアプローチではないかと考えている。

　ただし、収集しデジタル化したデータを何らかの種類によってカテゴリー分類する（分類のタグを付与する）という作業は共通して必要になる場合が多く、この点に関してはゼミで時間をかけて解説するようにしている。

4-2　カテゴリー分類の方法論

　あるデータをカテゴリーに分類するためには何らかの観点を固定する必要があり、かつその観点を示す概念を言語化するという作業が不可欠である。しかし、特定の事象に付随する様々な性質を分類する観点は無数にありうるため、ある程度は事前に方向性を定めておかないと無限の可能性の中で路頭

に迷うことになってしまう。

　概念の分類に関しては当然ながら哲学領域での歴史が古く、有名なところではアリストテレスの範疇論(実体、量、性質、関係、場所、時間、形状、所有物、能動、受動)などが参照可能である[5]。データ分類用のタグ作成において、異なった種類の概念が無秩序に混交すると非常に分かりにくく分析も困難になることが多いため、タグが同じ観点から付与されているかは、この種の概念に関する上位レベルの分類項目などを参考に検討することが可能である。

　なお、アリストテレスが取り上げた10種以外にも当然ながら有用な概念分類は多々存在する。我々の研究室で扱っているような種類のデータの場合では例えば、原因と結果、利用目的や機能、感情や意図、なども分類の観点としては有意義な場合が多い。

　Dublin Coreや現代的なオントロジー(RDF, WordNet[6], Wikidataなど)における属性の設定を参考にする方法もあるが、既存の完成度の高い分類表に頼るとオリジナルな視点が出てきにくくなり、結果として面白みに欠ける傾向があるように個人的には思われる。

　あまり先行研究のない場合や新規のデータセットでは、そもそも既存のオントロジーが参考にならず、分類に時間がかかる場合も多い。しかし、可能な限りオリジナルの分類枠組みを作ること自体は教育的な観点からも有意義ではないだろうか。

　とはいえ、意味や概念が網の目のようにつながっていることを認識する上では上記のRDFやWordNetのようなネットワーク構造上のデータセットを学ぶ意義は大きい。頼りすぎないようにしつつも、勉強はしておくというあたりのバランスが重要であろうか。

4-3　カテゴリー分類を学ぶ

　多様な事物の分類は、種類が少ない場合にはそれほど難しくないが、数十から百を超えてくると、分類の軸が定まらずにまとまりのない結果になりが

ちである。また分類そのものに慣れていない場合にはどこから手を付けてよいかわからずに途方に暮れることもありうる。そのようなケースを避けるために利用可能な方法をいくつか挙げてみたい。

4-3-1 KJ法[7]の活用

データの分類において、研究目的に合わせた観点の設定や抽象度の調整が難しい場合には、最初から完成した分類定義表を作成しようとするのではなく、いくつかの段階を踏んで徐々に完成度を上げるアプローチを推奨したい。演繹的な方法論もあると思うが、データとじっくり向き合う姿勢を学ぶ上では帰納的な方法論が適しているのではないかと考えている。個人的なお勧めはKJ法である。

文化人類学において発展したKJ法(川喜田二郎法)は雑多な事象を前にして頭の中を整理する上で有用であり、多様な事物の分類にも利用可能である。大まかな手順としては、最初に整理したい内容を付箋に単語や短い記述で書き、それらを並べてみて近いもの同士を近くに配置するという調整を繰り返し、ある程度まとまってきたらグループ化して名称を付けるという手順で分類を行う。

KJ法は数名で議論しながら模造紙や付箋などを使って行うことで、自分の中の概念分類の基準を視覚化・言語化するだけでく、他者の考え方から新しい視点を取り入れることもできる。複数名での作業は、分類経験が無いケースで特に有益であり、経験者と未経験者が共同で行う研究プロジェクトなども実践するようにしている。近年はオンライン上で複数名同時にKJ法を実践できるソフトウェアやサービスなども各種存在する。

4-3-2 多段階での分類

KJ法によってグループを作成した場合に、慣れていないとグループ間で抽象度が異なってしまい、これらを同レベルのカテゴリーとして扱うと分析上で問題が生じる。このような場合には、もう少し手間をかけて多段階に分

類をすることで見通しを改善するという方法もある。具体的な手順としては、まずデータに対して分析者が感じた特徴を短く自然言語で記述していく。後で様々なタグに展開させる必要があるためここでの記述は単語ではなく、短めの説明文が望ましい。一通り特徴を文章で書き終えたら次に、KJ法と同様に全体を見渡したうえで類似すると思われるデータに同じタグを付与していく。一つのデータに対してタグは複数付与して良い。さらに付与したタグ全体を見渡して、類似するタグに共通する新しい上位レベルのタグを作成し付与していく。このプロセスを繰り返し、徐々に抽象度を上げながらデータに複数のタグを付与していくことで、概念の階層的な構造を整理していくことが可能である。下位のタグを保持したままKJ法を多段階で行うことで、概念の抽象度が自覚でき、どの抽象度のレベルで分析を行うことが適切なのかを検討可能となる[8]。また、多階層以外にも、複数属性を分類することで複雑な概念を整理する方法などもある[9]。

4-4　客観的な一致度の検証

　データ分類の大まかな概要が決まったら、次はそれを分類定義表の形式にして第三者が同じ定義で分類を実施できるようにする必要がある。物語中の会話の意図を分類することを目的とした実際の研究で用いた簡単な分類定義表の例を表1に示す[10]。分類の判定自体は個々人で行う必要がある（機械的に分類する場合も、学習用データはたいてい人間が作成する）が、その基準が内面的なものであると、分類の妥当性を判断できない。そのため、どのようなデータはどのカテゴリーに分類するかという判断基準、典型的なデータの例、カテゴリーに分類することが難しそうな例（境界例）とその判定結果などを整理して表などでまとめることが多い。表1のような研究の場合も各カテゴリーの例文集などを定義表とは別に作成し、分析者が分類の参考として用いている。

　ただし、分類定義表だけで分類の客観性が担保されるわけではない。結果としてデータがある程度妥当に分類されていることを担保するためには、複

表1　会話の意図を分類するための分類定義表の例

導入	慣習的な挨拶、相手への呼びかけ、人の紹介、会話の導入的な発話など
陳述	普遍的事実や現在の状況・過去の出来事の単なる叙述、相手への説明、報告や伝聞的な情報伝達など
思考	現在や過去の状況に対する推測や自問自答、仮定や仮説を用いた思考の言語化や、理由や言い訳の提示、相手に返答を求めない疑問や疑いの表明、自説の主張などの思考に関する発話を含める、ただし将来の状況への推測は「将来」に分類する
意思	将来行う予定の自身の行為をあらかじめ伝達する発話や、自身の決意や義務の表明、相手との約束などを含める
願望	発話者の願望や期待に関する発話、ただし何らかの行動を行う意思の表明を含む場合には「意思」に分類する、神仏への祈りや魔法等での呪文も「願望」に含める
依頼	発話者が相手に何かを頼む場合、丁寧な依頼や懇願だけでなく、高圧的な命令や脅し、許可や禁止、相手が果たすべき義務に関する示唆もこの中に含める
提案	発話者と相手がともに行動することを提案する場合や、相手のために相手の行動を促す発話、発話者からの相手のための行動を申し出る場合などを含める、発話者が自身が将来行動を行うことを決定している場合には「意思」に分類する
質問	相手に対する問いかけや質問、詰問、物事に対する疑問など
応答	相手の発話に対する相槌や、肯定否定の明確ではない応答、相手の発話に対する聞き直しや言い直しなどの確認的な行為を含める
了解	相手の依頼や提案に対する了解や受諾、請け合いなどの肯定的な反応、相手の発話に対する同意や納得の表明、相手への屈服や服従の表明などを含める
拒否	相手の依頼や提案に対する拒否や拒絶、相手の発話内容に対する否定などの否定的な応答を含める
将来	発話者の行動の意思を明示的には伴わない将来に対する予定や予測に関する発話を分類する、発話者の行動の意思を明示的に含む将来の予定は「意思」に分類する
評価	自己や他者、事物や状況に対する評価を行う発話を肯定的・否定的両方とも分類する、ただし「自責」「他責」に分類可能な評価は「自責」「他責」に優先的に分類する、また相手に配慮するためのお世辞や謙遜と解釈可能な場合は「配慮」に分類する
自責	自己の非を認めたり、謝罪や反省、犯罪の自供などに関する発話を分類する
他責	他者の非を責める非難・批判的な発話や、相手の欠点や問題点を指摘する発話、相手への皮肉や侮辱や悪口、相手を挑発したりからかったり茶化したりするような発話を分類する
感謝	相手への感謝や謝意を表す発話を分類する
感情	発話者自身の感情状態や身体的感覚等に関する表明、笑い声や驚きの感嘆詞など発話者の内的状態の表明に関する発話を分類する、ただし「感謝」「自責」「他責」に分類可能な場合はそちらを優先する
配慮	相手の感情状態を改善させるための労わりや慰め、かばい、なだめ、激励、はげまし、もてなし、お世辞や謙遜などの機能を持つ発話を分類する
冗談	冗談やとぼけ、おどけ、はぐらかし、などを分類する、ただし相手を茶化したりからかったりする冗談は「他責」に分類する

数名で合議して分類するか、特定のデータに対して複数名で独立に分類した結果から一致度を判定する（κ 係数など[11]）方法などを採用する必要がある。

最終的な精度の面からは全データを複数名で合議して判定することが望ましいが、コストの問題上基本的には一名の分析者が分析を行いつつも、ランダムサンプリングしたデータに対して複数名で一致度を検証して妥当性を判定するあたりが現実的な対応と思われる。

　また、分類が一致しない場合にはその理由をディスカッションなどして検討する過程を経ることは、データを見る力の向上という教育的な観点からも有意義であろう。

5　データの分析と解釈

5-1　データ分析と抽出の方法論

　適切にメタデータやタグが付与されたデータセットを構築出来たらいよいよ分析である。分析の方法論を検討する上では、最初に方向性として探索型か仮説検証型のどちらかを意識することが有用ではないかと考える。例えば、誰もデータ化していないような対象をデジタル化して研究する場合には必然的にまず探索型のアプローチが必要である。特定の問題意識や仮説がある状態でそれを立証するためにデータセットを構築した場合には仮説検証型になるが、アーカイブを作るということが主たる目的である場合にはまず探索型から試していく方が適している。近年は機械学習などの方法論を用いて分類や判定を行うことが目的の場合もあるが、分類や判定の対象が事前に決まっているようであれば仮説検証型に近いと言えよう。

　とはいえ探索型であれ、仮説検証型であれ、まずはデータに関する基礎統計をきちんと算出するように指導している。何がいくつあるのか、どのような種類がどれだけあるのか、基礎統計とメタデータを組み合わせるだけでも面白い発見が出てくることも少なくない。またデータの基礎的な性質を最初に把握しておかないと、どのような分析手法が適しているかの判断に困る。基礎統計を取得してデータの分布を確認した段階で、目的とする結果を得るために十分なデータがまだないことが明らかになった場合には、速やかに

データ化のフェーズに立ち戻ってデータのリソース、データのフォーマットなどを再考する必要がある。データの分布を確認せずに個々の分析にコマを進めてしまうと、考察可能な結果が出ないがその原因が分からないというような状況に陥りがちである。

　探索型の場合には、データ間の比較をするのであればχ二乗検定など、内部的な構造を知りたいのであればクラスター分析や因子分析などが利用可能であろう。仮説検証型の場合にも元となるデータと比較対象のデータの形状や研究目的などに合わせて、データ間に相違があるか確認したいならt検定や分散分析など、シンプルな法則がありそうなら重回帰分析など、他次元ベクトルで分類や判別ができるか確認したいのであれば種々の機械学習など、合致するものを選択していく。

　分析手法の選択においては、話題性のある新規手法に目が向きがちであるし、その方が学会や就職活動等での評判は概して良い。しかし教育目的での研究ということを考えると、流行り廃りのあまりない、今後も引き続き利用できる可能性が高い定評ある手法を用いることが望ましいとも考えられる。とはいえ、真に顕著な特徴であるならば、同系統のいずれの手法を用いても抽出可能であるはずなので、手法の選択に迷った場合には上記のような説明をしたうえで本人の意向に任せるようにしている。

　ただしいずれの手法でも、目的とする特徴を捉えるためには与えるパラメータに工夫が必要である。この辺りは試行錯誤を繰り返して知見を蓄積していくしかないが、扱っているデータを構成する各属性の値の種類が名義尺度なのか、順序尺度なのか、あるいは一般的なスカラー量なのか、二値の真偽値なのかなどによっても方略は当然変わってくることは意識したほうが良い。名義尺度にIDとして付与した番号を順序尺度として扱うというような致命的なミスも学部生の場合には起こりがちである。

　また分析対象データを示す各種の属性は詳細であればあるほど良いとは必ずしも限らない。場合によってはノイズになっていると考えられる属性や数値を除去し、あるいはあえて数値の精度を下げる（例えば閾値を設定して二

値化するなど)ことで特徴が見えやすくなることも多々ある。

　データ分析を始めたばかりの学生の場合にはこの辺りの値の種類の差違や重要性の判断が難しいことも多いため、分析したい値は何を意味しているのか、それはどのような分布か、その分布は分析の目的に合致しているのか、現状の表現以外のどのような表現方法がありうるのか、など様々な観点から時間をとって考えてもらうことも有意義であろう。

5-2　分析ツールの選択

　分析やプログラムに全体的に苦手意識があるような場合にはまずExcelやGoogle Spread Sheetの利用を勧めている。単純な集計や比率の計算とそのグラフ作成から初めて、まずは数値化したデータを見える化するというプロセスに慣れ親しんでもらうことが目的である。分析への苦手意識がなくなったらもう少し高度なツールに誘導するようにしているが、Excelであっても熟練すれば基礎的な統計処理は可能であるため、最後までExcelという場合もなくはない。ただ卒業後のことを考えると、できればRくらいは使えるようになっていることが望ましい。

　ある程度Excel等は使えるがプログラム開発はあまり得意ではないような場合には、データの整理をExcel等で行ってから、csv等に出力してRを利用するように勧めている。

　プログラムに苦手意識がない場合には、自作プログラム(最近はPythonを選択する学生が多い)を作成してデータのファイルへの入出力を練習して形式の変換やソートなどをするところから始めてもらい、その後数値計算用や機械学習用のライブラリを使って処理するか、あるいは何らかの基礎処理をしてからcsvファイルなどに出力してRなどで分析や可視化を行うか選ぶことを勧めている。

5-3　データと解釈

　データの解釈の方法論は対象ごとに異なるが、我々が扱っているような言

語データの場合、記号として表現されている言語自体はそれが指し示す意味概念を構成する一部分に過ぎないことを強く自覚する必要がある。

　例えば発話を意味解釈する場合には、言語情報以外にパラ言語情報と呼ばれるイントネーション、身振りや手ぶり、表情などの種々の情報が重要である。またこれらに合わせて、前後の文脈、話者と聴者の人間関係、発話が行われている場の状況など周辺のコンテキスト的な情報も意味解釈には必要不可欠である。

　また言語コミュニケーションでは、発信者の意図の理解こそが解釈という考え方以外にも、言語表現自体は解釈に対して開かれているというような捉え方（ガダマーなど[12]）も存在する。最終的にどのような視点に立って意味解釈を行うかも分析では問われることになる。

　さらに解釈対象がテキストの場合には、テキスト成立にいたる経過や筆者のおかれた社会や時代の背景および個人史などを重視する通時的解釈の立場に立つのか、あるいは現存するテキストの形態に基づき言語表現としてのありようや、語彙やフレーズの利用のパターンなどから意味を分析する共時的解釈の立場に立つのかも選択する必要がある。通時的解釈を採用するならば、分析対象に関連する周辺のテキストだけでなくテキスト以外の形態の種々の関連データなども収集する必要がある。共時的解釈の立場に立つならば、テキスト全体の構成を構造主義的な種々の技法やレトリック分析などの観点から総体として読み解く姿勢が求められる。

　これらの解釈に必要な背景となる理論や方法論に関しても、一通り全てを学部生・修士院生の段階で学ぶことは現実的ではない。そのため、研究目的・対象となるデータに合わせて適切な理論を選択するように指導することは当然ながら、選択された方法論はありうる多様な意味解釈のうちで特定の目的に沿った一つの方法論に過ぎないという自覚を持つように促すことが重要であろう。

　考察においては、初見では理解困難であった箇所も、その後全体を通して俯瞰することで理解力が向上し、もう一度振り返って見直すと解釈可能にな

るということは少なくない。分からなくなったらもう一度データソースに戻る、ということは決しておろそかにしてはならない基本である。

6　研究成果の発表

　研究を行って何らかの成果をあげた場合、学会や研究会などでの発表を行うことが次のステップになる。メンバーが固定したゼミでのディスカッションでは見えてこないような新しい視点が、学外の質疑応答を通じて獲得できるケースは多々ある。また、研究活動へのモチベーション維持という意味でもコンスタントに対外的な発表の場を設定することは有意義であろう。そのため、学生・院生には機会あるごとに積極的に発表を行うように促すことにしている。

　発表を行う上で注意していることはいくつかあるが、まず一つ目は発表の場の選択である。同じ人文系のデータに関する研究と言っても、何を面白いと思うか、どの点に興味があるかでやはり学会や研究会の雰囲気は異なる。どの場が発表として適しているかは、学生自身がどの点を面白いと思って聞いてもらいたがっているかにも関係する。結果として明らかになった意味解釈のところが主なのか、それともそれを可能にした技術的側面に焦点を当てたいのかでも方向性は異なる。また完成度の点も考慮が必要であり、萌芽的な相談会のような場から、完成された研究を大人数の前で披露する場まで様々な発表形式から適切な形状を選択する必要がある。

　もう一つ注意を促すようにしているのは、発表資料を作成するにあたっては参加者の層をよく考えて表現を検討するということである。我々の専門分野は研究領域としてはかなりマイナーな部類に属するため、研究発表においては必然的に背景的な状況の説明に時間を割かなければならない。そのため、どの説明はどの程度省略しても伝わるのかを検討し、可能な限り研究の本体の部分に多くの時間を配分できるようにすることが重要なステップとなる。また学会以外の学内での発表の場合にも、新入生向けの研究室紹介と最終の

論文審査では説明の用語だけでなく、場合によっては順序や内容自体も変更する必要が生じる。同じ研究を発表するとしても、何の目的でどのような人向けに行うのかで適切に表現を変えることのできる技術が身につけば、卒業・修了後にも有益なはずである。ただ、そのために必要なのはやはり場数を踏むことであろう。

7　おわりに

　長々と書かせていただいたが、最初に述べた通りこれらの方法論はまだ手探りの段階であり、ぜひ皆様のご意見をいただきながら改善していきたいと考えている。

　本章では人文系のデータサイエンティスト育成という方向性に絞っているが、デジタル・ヒューマニティーズによる教育には当然ながら他にも様々な可能性が広がっている。またデジタルアーカイブを大学教育の場に導入する方法論としても、本稿で紹介したものはごく限定的な一例にすぎない。近年盛んになってきた画像や言語データへの機械学習系なども含め、アーカイブに適用する要素技術と対象コンテンツの組み合わせとその応用範囲は無限に考えられよう。

　そのため、各大学、各研究室で多様な人材育成の方法論が発展することこそが分野全体の未来にとっても非常に重要である。本章がその一助になれば幸甚である。

注
1)　吉田拓海・村井源(2021)「原型からの物語生成を目的とした神話物語と神話元型の現代物語との構造比較」『じんもんこん2021論文集』50-55.
2)　白鳥孝幸・村井源(2021)「現代日本恋愛小説における結末の類型化と特徴の歴史的変遷」『じんもんこん2021論文集』38-43.
3)　村井源(2022)「既存作品中の物語の基本パターンに基づく物語構造の自動生成」『情報処理学会論文誌』63(2), 335-346.

4) Garfield, E. (1955) Citation Indexes for Science: A New Dimension in Documentation through Association of Ideas, *Science*, 122 (3159) , 108-111.

5) アリストテレス (中畑正志・早瀬篤訳) (2013)『新版 アリストテレス全集1』岩波書店.

6) Miller, A. G. (1995) WordNet: A Lexical Database for English, *Communications of the ACM*, 38 (11) , 39-41.

7) 川喜田二郎 (1985)「発想法〔KJ法〕とデザイン (記念講演, デザインと情報技術)」『デザイン学研究』1985 (49) , 2-8.

8) Murai, H., Toyosawa, S., Shiratori, T., Yoshida, T., Nakamura, S., Saito, Y., Ishikawa, K., Nemoto, S., Iwasaki, J., Uda, A., Ohta, S., Ohba, A. & Fukumoto, T. (2021) Dataset Construction for Cross-genre Plot Structure Extraction, Proceedings of JADH Annual Conference, 93-96.

9) 豊澤修平・村井源 (2021)「星新一のショートショートにおける状況描写を含むオチプロットの自動生成」『じんもんこん2021論文集』188-193.

10) 村井源・松本斉子 (2020)「物語テキストにおける会話文の意図の話者属性による特徴」『情報処理学会論文誌』60 (2) , 135-143.

11) Someran, V. M., Barnard, Y. & Sandberg J. (1994) *The Think Aloud Method - A Practical Guide to Modelling Cognitive Processes*, Academic Press.

12) 丸山高司 (1997)『ガダマー──地平の融合』講談社.

第 **4** 部

DAとDHの未来

第9章

書物研究今昔物語

佐々木孝浩

1　はじめに

　漢字を使用していた国々の書物を研究する小さな研究所に勤務して4半世紀が過ぎた。書物研究には書物の画像が不可欠で、その収集に明け暮れた年月であるといえる。この4半世紀がフィルムからデジタルへの移行という、画像という存在の大きな変革期であったことはいうまでもない。現時点から過去を振り返ってみると、画像を取り巻く環境の変化の激しさに浦島太郎になったような気分になるのである。日本の古い書物の研究者としてのこれまでの書物画像との付き合いの経験を踏まえて、デジタルアーカイブとデジタル・ヒューマニティーズへの希望や展望について述べてみたい。

2　書物調査の変遷

　かつて書物研究は茨の道であった。調査したい本のあるところまで出かけ、その複写物が欲しければ三脚とカメラを持参し、無理な態勢で腰を痛めながら、36枚撮りのフィルムの入れ替えを繰り返しては自己撮影をしたものだった。研究所に所属してからは、マイクロフィルム用の大型カメラと大きくて重い撮影機材一式、さらには本を押さえるための厚手のガラス板などを複数人で分担して調査先に持参し、書誌調査をしては撮影の繰り返しであった。宅配便が一般化した時代であったのは幸いで、すべて自力で現地まで運んでいた先人たちの苦労を思うと申し訳ない気持ちにすらなるのである。

　旅費・撮影機器購入費・フィルムおよび現像・焼付費と、その経費はばか

にならないものであった。複写を専門業者に依頼できる場合でも大部な作品となると総額は高額になり、現物を購入できそうな額になることもあった。苦労して入手した写真は白黒で朱墨の識別に悩むこともあった。藍色も加わっているとより大変で、所蔵先に写真を持参して赤鉛筆と青鉛筆で当該部分をなぞったこともある。本の調査とその研究はお金も時間も体力も忍耐力も必要となる難行苦行に近いものであったのである。

　その風向きが変わったのは何時からだったろうか。世界初のデジタルカメラの開発は1975年で、一般向けの販売は1990年代とのことだが、今から見ると価格が高価な割には鼻で笑えるほどの画素数だった（図1）。それから日進月歩の進化が続き、個人利用の撮影であるならば三脚も照明も必要なく気楽に撮影できるようになり、スマートフォン内蔵カメラでも通常の研究には不自由を感じない画像を撮影できるようになっている。まさに夢のような現実があるのである。

図1　手前：35mmロールのマイクロフィルムと紙焼写真本、奥：3.5インチフロッピーディスクに保存する形式のデジタルカメラ

　マイクロフィルムよりも早く問題となったのが特殊な印画紙の生産中止であった。表面に光沢がある通常の印画紙では読みづらいので、書物の写真は

厚手の和紙のような特殊な印画紙に焼き付け製本して用いることが多く、それを「紙焼写真本」と呼んでいた。マイクロフィルムとともにこの印画紙を生産していた会社が、所属先の研究所に説明に来てくれたのは何時頃のことだったろうか。代替となりそうな印画紙の見本も見せてもらったが、不鮮明で読みにくい印象があったことを記憶している。

　そうこうしているうちにも急速に画像のデジタル化の波が押し寄せ、生産中止の痛手を特別に感じることはなかった。生産会社の判断は正しかったのである。

3　インターネットの登場とデジタル画像の普及

　当時勤務していた国文学研究資料館で、インターネット説明会が開催されたのは何時のことであったろうか。日本で初めてのインターネットサービスプロバイダ（ISP）がサービスを開始したのが1992年、日本で初めてのダイヤルアップIP接続サービスの開始は1994年というから、90年代前半のことだったのだろう。初めて説明を聞いた時はそんな夢のようなことがと期待に胸を膨らませるばかりだったが、その後のインターネットの普及の凄まじさについては説明するまでもないであろう。

　インターネットの普及は書物研究に革命をもたらしたといっても過言ではない。あれほど入手が大変であった書物の画像をいとも簡単に見ることができるようになったのである。しかもインターネットが利用できる環境さえあれば基本的にお金も必要ないのである。当初は点数も少ないし白黒画像で不鮮明だと身勝手な不満を抱きもしたが、日進月歩とはこのことかというほどに点数も急激に増加し、高精細のカラー画像が当たり前になっており、夢ではないかと頬を抓りたくなる心境である。

　欧米の大学などの図書館が所蔵する稀覯本のデジタル画像を公開し始めたのは何時頃なのか、不明にして知らないが、その波がどんどん世界中に広がり日本にも伝わったのである。国内で動きが早かったのはやはり国会図書館

であろうか。1998年5月に「国立国会図書館電子図書館構想」が策定され、早くも翌月には「ディジタル貴重書展」で古典籍資料（貴重書等）の画像提供が開始されている。2000年3月には「貴重書画像データベース」で和漢書、錦絵等の提供が始まった。国家の中心となる図書館だけあって所蔵する和漢書は質量ともに優れており、そのカラー画像に簡単にアクセスできるようになったことの喜びは言葉では言い表せないほどであった。

　続いて多大なインパクトをもたらしたのは早稲田大学図書館であった。所蔵する約30万点の古典籍のデータ（書誌・画像）作成を目指し、2005年度から作業を開始したのである。高精細のカラー画像をHTMLかPDFかで選んで見られる上にダウンロードも簡単であることに、感嘆の声を上げた人は少なくないであろう。国会図書館と早稲田大学図書館の和本画像の公開が、国内はもとより海外の関係分野の日本研究の発展に多大な貢献をしたことは、国際的な学会発表でそれらの画像が活発に用いられるようになった事実に明らかである。

　また筆者の専門からも重要な存在が国文学研究資料館である。1972年の開館以来国内外の日本文学とその関連資料を対象に、調査とマイクロフィルム撮影を進めてそのデータを広く学界に公開してきた同館は、2007年度からフィルムのデジタル変換作業を開始し、2008年度からインターネットでの公開を始めたのである。蓄積データが大きかったので影響力も大きいのであるが、白黒画像であったこととビューアーの使い勝手が悪いために、その利用は極めてストレスフルなものにならざるを得ないことが大きな難点であった。

　2014年度からは同館の命運を掛けた事業ともいえる、10年計画の「日本語の歴史的典籍の国際共同研究ネットワーク構築計画」も開始され、30万点を目標に古典籍画像のデータベースの構築が進められているのは、まことに頼もしい限りである。外部の図書館などとの連携も進み、今現在もすさまじい勢いで点数が増えており、カラー画像の比率も増加の一途であるが、ビューアーの難点が解消されないままなのはやや残念である。

白黒画像中心という点では、慶應義塾図書館の画像公開を挙げることができる。同図書館は2007年7月に「Googleブック検索図書館プロジェクト」に参加し、古典籍を含めた約13万点の画像を公開しているのだが、デジタル撮影しているにも拘わらず白黒の画像が公開されており、縦書きの日本書は末尾から始まるなど色々と問題の多いものとなっている。それでもジャンルに拘らない様々な分野の日本古典籍の画像を、海外でも利用できるようになったことの意義は小さくないようである。

4　デジタル画像に必要なこと

　この他にも日本の古典籍のインターネット上のデジタルアーカイブによる画像公開の実例は枚挙に暇ないほどであり、まさに嬉しい悲鳴状態であるが、ここで問題となるのは必要とする画像の探し方である。書物の画像を公開しているサイトの検索機能が様々であるために、それぞれに慣れるのはかなり面倒であった。そんな中で、日本が保有する多分野のコンテンツをまとめて検索・閲覧・活用できる国立国会図書館が運用するジャパンサーチの正式版と、世界中で発信されている日本文化に関する100万件の情報を検索できるCultural Japanという、極めて有益な2つのプラットフォームが、2020年8月に公開になったことは大変な朗報であった。

　珍しい資料を探すには現状でもよいのではあるが、著名で伝本も多い作品となると話は変わってくる。作品名でこれらを検索すると膨大な数がヒットするのである。所蔵者や書写者などがはっきりしている場合はともかく、漠然とした特徴や目的で自分の必要とする資料を絞り込むのはなかなか至難の業である。公開件数が増えれば増えるほど検索機能の拡充がより重要となっていくことは疑いない。

　その点で書物検索に特化して利用しやすいデータベースであるのが、立命館大学アート・リサーチセンターが公開しているARC古典籍ポータルデータベースであろう。同センターの所蔵・寄託品のみではなく、Web上で公開

されている日本の古典籍約30万点を総合的に検索できるようになっているのである。書物のジャンルや出版地などを選択できるのは大変ありがたい機能である。

こうした細かな検索を可能にするためにも必要となるのが、画像データに付与されるメタデータ（書誌情報）である。それが詳しければ詳しいほどピンポイントでの検索が可能になるのである。海外のしかるべき学術機関における画像提供ではメタデータの重要性が認識されているので、よほど初期に公開された画像か特殊な資料でない限り、それが付されているのが普通である。ところが日本では伝統的に基礎的な情報を軽んじる風があるようで、その傾向は現在においてもあまり変化はないようである。

大学の図書館や博物館などが書物を展示する際に、キャプションや図録などにその本の大きさの情報すら明記されていないことは珍しくない。インターネットにおける画像提供でも同様で、所蔵する古典籍の画像提供には熱心であるけれども、メタデータの付与に注意が払われないことが多いのである。

さすがにというべきか、国会図書館デジタルコレクションや早稲田大学古典籍データベースには、大きさその他の基礎情報が確認しやすい形式で付加されているものの、国文学研究資料館の日本古典籍総合目録データベースや、その最新の改訂バージョンである国書データベースでは、初期に公開されたものの多くには大きさが表示されていないのである。

高さのみが明示されたものもあるが、これは図書館学の方式に従って小数点以下切り上げの数値であると思われる。納める棚の高さを判断するための情報なので書物の研究にはあまり有益ではないのである。新しく提供されているカラー画像には大きさが示されることが多いようだが、情報を有していないものに新たにそれを加えることは、労力や必要経費を考えるとほぼ不可能に近いのではないだろうか。

北米の大規模な図書館では、特定の分野に関する専門知識を有し図書の選択や専門的な相談の窓口となるなど、研究教育上重要な役割を担うサブジェ

クト・ライブラリアンが存在するのが普通である。その必要性は日本でも徐々に理解されつつあるものの、そのポストを有する日本の図書館は極めて少ないのが現状である。また北米などでは目録作成に従事するカタロガーも存在しているが、デジタル画像公開の広まりに伴ってメタデータ・ライブラリアンという職も生まれ、その存在感が高まっているようである。サブジェクト・ライブラリアンすら置けない日本では、メタデータ・ライブラリアンのポストを設けるのは夢のまた夢であろう。

　メタデータは様々であるのに大きさばかりに拘っているのは、大きさが書物において重要な意味を有しているからである。基本的に紙は高価なので、大きな本はそれだけで贅沢な本であるといえる。また当時は厳密な規格があったわけではないので、縦横の大きさがぴたりと一致するということは同時に製作されたものでなければほぼありえないことなのである。離れ離れになっていた僚冊やセットとして製作された別作品などの発見に、大きさは重要な手掛かりとなるのである。

　江戸時代の版本は判型と内容に相関関係があるので、大きさは内容理解の手掛かりにもなる。また江戸時代は生産される紙のサイズが少しずつ小さくなり、それを用いる版本の大きさも徐々に小さくなることは比較的よく知られている（図2）。同じ版木で刷られた本同士の刷の前後は大きさの比較でほぼ確定できるのである。

図2　同規格の版本の大きさの変化、左から17・18・19世紀のもの

表紙を改めると化粧裁ちによってやや小さくなるので、書写部分の高さである字高や印面の高さなどの情報も欲しいのであるが、欲をいえばきりもない。少なくとも本の大きさだけでも明示してあると研究における画像の利用価値が確実に高まるのである。

　さらにやっかいなのは、写年や刊年の情報である。大きさの情報があってもこちらがない場合は少なくない。日本では写本も版本も、書物に製作年代が明示されていないものは珍しくない。またあってもそれは、写本だと写した本に元々あった情報であることが多く、版本の場合には版木の製作年であって実際の印刷時期とかなり隔たりがあることが普通なのである。

　大きさは専門的な知識がなくてもともかくも愚直に計測すればよいが、写年や刊年については和本についてかなり専門的に学んでいないと推定することは困難である。画像があるのだからそれを見て判断してほしいという立場も理解できるものの、それが可能なのはごく一部の専門家であって、画像利用者の多くには困難であろう。和本の専門知識を有するメタデータ・ライブラリアンが待望される所以である。

　メタデータはデジタル画像化された書物を、物理的な存在に還元する上で必要な情報であり、その情報が詳しければ詳しいほどデジタル画像の学術的な価値も増すのである。もちろん研究者はデジタル画像が提供されていても本物に触れて調査すべきではあるが、それが難しい場合も少なくないのが実情である。

　特に問題なのは、デジタルに限らず画像が公開されたことにより原本の閲覧が停止されるケースである。そのような場合には少なくとも一定のメタデータが提示されているべきであるが、そうでないことも多いので知ることをあきらめなければならない検討項目が多くなるのである。

　テキストを読めるだけでよいという立場だけでなく、物理的な確認をしたいという研究者も存在することを理解いただき、きちんとした理由を示せる場合には閲覧を許可するという柔軟性を、画像公開で閲覧を停止される機関には持っていただきたいのである。

5　デジタル・ヒューマニティーズへの希望

　デジタルアーカイブで公開された書物のデジタル画像が増えるにつれて、それらを研究や教育に有効活用する方法の検討も大きな問題となってくる。書物の専門家に希望を自由に語らせたら、してみたいことできたらいいなと思っていることは尽きることはないのではないだろうか。かつては単なる夢想であると切り捨てられたことも、デジタルやAIの技術の急速な進歩によって実現の可能性が見えてきているのである。

　人文学オープンデータ共同利用センター(Center for Open Data in the Humanities／CODH)のホームページ上に並んだ、プロジェクト一覧を眺めてみるだけでも、フィルムカメラで自己撮影を行っていた時代とは異次元の世界に突入していることが実感できる。スマホで撮影した書物の画像をAIくずし字認識アプリが瞬時に現代の文字に変換してくれるようになるなど、10年前に想像できたろうか。2枚の画像を比較照合(図3)して瞬時にその差異を表示することは、想像したことはあったけれどもそれも実現しているのである。

図3　一見同じでも様々な相違がある版本の例

このような技術を応用すれば、筆跡の特徴を比較することによって書写者が同一か否かを判定したり、同一筆者の書物を集めたりすることも可能であろうし、同一の版木か似た版木かの識別も簡単にできるであろう。書物研究はともかく比較が大切で、人が経験を積んで時間をかけて行っていた比較と判定をAIが瞬時に行うようにもなるのだろう。人はその結果を利用してより高度な研究を行えるようになったのである。

　メタデータとの絡みで希望することは、デジタル画像の特性を活かして対象物の寸法を割り出す技術の確立である。すでにそのような試みもあるようだが、これが様々な形式のデジタル画像で簡単に行えるようになれば、採寸していない書物の大きさの情報が得られるので、その画像の研究的価値も増すはずである。

　人文学とデジタル技術学の融合という、可能性の沃野を有効に耕していくためには、地に足がついた地道な人文学の知見を活かしていくことが必要であると信じたい。それぞれの専門家が協力するだけでなく、両者を股に掛ける研究者の育成が今後のデジタル・ヒューマニティーズでは特に重要となっていくことであろう。幼いころからデジタル世界に親しんできた若者たちには、そうなることはそれほど難しいことではないのではないだろうか。

参考サイト
国立国会図書館デジタルコレクション（https://dl.ndl.go.jp/）
古典籍総合データベース（早稲田大学図書館）　（https://www.wul.waseda.ac.jp/kotenseki/）
国文学研究資料館 図書データベース（https://kokusho.nijl.ac.jp/）
Googleブックス（慶應義塾図書館）　（https://books.google.co.jp/）
ジャパンサーチ（https://jpsearch.go.jp/）
Cultural Japan（https://cultural.jp/）
ARC古典籍ポータル（立命館大学アート・リサーチセンター）　（https://www.dh-jac.net/db1/books/search_portal.php）
人文学オープンデータ共同利用センター（http://codh.rois.ac.jp/）

第10章

カタログ・レゾネから
デジタル・アーカイブズへ

ボストン美術館日本美術総合調査プロジェクトを起点に

髙岸 輝

1 はじめに

　美術史の学問的基盤は現存する作品群そのものにあり、時間の経過に伴う
作品の劣化・消滅に対していかに対策を行うかが重要である。その一環とし
て、保存・修復・復元といった営みが継続的に行われているが、これと同様
に重要なのが現状を記録することである。

　日本において、美術作品の素材は紙・絹・木材といった脆弱なものが多く、
経年劣化に対する対応が欠かせない。加えて、高温多湿な気候、風水害や地
震が頻発することを考えると、大規模な損傷や消滅への対策も必要である。
一方で、作品そのものへのアクセスは、宗教上の秘匿性や美術館・博物館学
芸員の業務繁忙もあって、ごく限られた専門家を除いては難しい。こうした
リソースの閉鎖性は主として資料保存上の理由によるものとはいえ、研究機
会の公平性を担保し、よりオープンな状況へと改善する手段として、デジタ
ル・アーカイブズに対する期待は大きい[1]。

　美術史学の資料的基盤となるのがカタログ・レゾネ(catalogue raisonné)で
ある。カタログ・レゾネとは、特定の作家による作品群、あるいは美術館の
所蔵品のデータ(写真・作品情報)を網羅的に収集し、情報を吟味した上で、
年代順、技法や素材別、主題別などの基準に従って整理した体系的な目録を

指す。これをベースに、作家の生涯、ある地域や時代の美術の流れを組み立て、新たに発見された作例や、美術館のコレクションに追加された作例を増補していくことで、目録自体が成長するという性質をもつ。20世紀末までのカタログ・レゾネは紙媒体の印刷物として刊行されてきたが、収載された図版の多くは小型のモノクロが多い一方で、書籍自体は重厚かつ高価で、少部数の刊行にとどまることが多かった。そして、これらの多くは美術館・博物館、大規模な図書館、大学などの研究機関のみに架蔵され、専門家以外のアクセスが難しかった。こうした状況を劇的に変化させたのがインターネットの普及であり、オンラインによる美術館のコレクション情報の公開が急速に進んでいる。現状の課題は、旧来の印刷物によるカタログ・レゾネをどのようにデジタル・アーカイブズへと接続させるかにある。以下では、筆者自身が関わったボストン美術館の日本美術コレクションのカタログ・レゾネを例に将来の展開を考えてみたい。

2　ボストン美術館のコレクション

　米国マサチューセッツ州に所在するボストン美術館（Museum of Fine Arts, Boston）は、日本国外において、最大規模かつ最高水準の日本美術コレクションを誇る。基礎を作ったのは、エドワード・シルベスター・モース（Edward Sylvester Morse, 1838〜1925）、ウィリアム・スタージス・ビゲロー（William Sturgis Bigelow, 1850〜1926）、アーネスト・フランシスコ・フェノロサ（Ernest Francisco Fenollosa, 1853〜1908）である。彼らはボストンを拠点とする学者・コレクターであり、来日に際して大規模な美術品収集を行った。また、フェノロサの弟子であった岡倉覚三（天心、1863〜1913）は、晩年に同美術館の中国日本部長を務め、作品群の評価と体系的な整理に着手した。以来、1世紀以上にわたって蓄積・継承されてきたコレクションは、第二次世界大戦をはじめとする日米関係の激動を乗り越え、今日に至っている。

　戦後の高度成長を経て日米間の移動が容易になり、米国の主要大学におけ

る日本美術史研究が興隆し、1960年代から80年代にかけて日本国内で美術全集の出版ブームが起こると、ボストン美術館所蔵品の里帰り展示や、日本から研究者が出向く形での作品調査がしばしば行われるようになった。全集や展覧会カタログには同館の主要な作品が掲載され、日本美術史の通史を語る上で欠くことのできないものと評価されている。

　一方で、コレクションを管理するボストン美術館は別の課題を抱えていた。ひとつは、日本から訪れる研究者の関心が国宝・重要文化財級の名品に集中し、所蔵品全体の網羅的把握が行われてこなかったことである。フェノロサやビゲローといった初期のコレクターたちは、日本滞在に際して築き上げた人脈を頼りに大量の美術品を購入した。なかには、模写や贋物、あるいは絵師が手控えのために写した模本など、伝統的な美術館の展示にはふさわしくない「作品群」も相当数、含まれており、これらは収蔵庫の中で十分な整理も行われないまま休眠状態にあった。江戸幕末から明治にかけての激動期、将軍家・大名家に仕えた狩野派・住吉派などの御用絵師たちは失職を余儀なくされ、所蔵する絵画や粉本を整理・売却した。廃仏毀釈の打撃を受けた多くの寺院が什宝を二束三文で売却したこともあって、明治期の美術品マーケットには玉石混交の「作品群」が現れ、一部は海外コレクターによって購入されていった。玉は玉の、石は石に応じた見識をもとに、ジャンルごとの悉皆的なコレクション調査をボストン美術館は切望していたことになる。

　もうひとつの課題は、来訪した専門家による研究成果の現地への還元である。短期間の訪米調査で収集した写真や調書といったデータは、各々の研究や展示・出版の文脈に従って論文化されたものの、ほとんどが日本語による専門家向けであり、米国および英語圏の研究者、あるいは美術館を訪れる一般市民には届きにくい状況にあった。ボストン美術館は、ニューヨークのメトロポリタン美術館などと同様、私立の美術館で、市民による入館料や寄附を運営の大きな柱としているため、安定的な運営資金の確保のために積極的なコレクション情報の公開を行い、リピーターやドナーの支持を維持し、高める努力が強く求められている。

3 ボストン美術館の日本美術総合調査

　1991年、こうした課題を解決すべく、ボストン美術館学芸員のアン・ニシムラ・モース氏と東京大学教授(当時)の辻惟雄氏が中心となって同館所蔵の日本美術に関する総合調査が開始された[2]。館蔵品のなかから、絵画・彫刻・工芸を技法・時代・流派ごとに16分野にカテゴリー化し[3]、日本の大学・美術館・博物館で活動する第一線の研究者が数週間から数か月にわたって現地に滞在、館内の学芸スタッフや撮影担当者と協力しながら悉皆的・網羅的に調べるというものである。同館と共同でプロジェクトを推進した鹿島美術財団は、美術史学や芸術振興の分野で長年にわたる研究助成の実績をもち、これを財政的に支えた。日本美術史に関する国際的な調査としては空前の規模であり、その成果は『ボストン美術館日本美術調査図録 第一次調査』(講談社、1997年)、『ボストン美術館日本美術調査図録 第二次調査』(講談社、2003年)として刊行された。その後も第三次調査が継続されていたが、カタログ・レゾネの常として高価かつ少部数の出版であったことから販売が伸びず、刊行はいったん終了した。浮上したもうひとつの問題は、写真媒体の変化である。1990年代から2000年代初頭において、美術品の撮影は大判のカラーフィルムが一般的であり、デジタル画像の解像度はこれよりも劣る水準であった。

　こうしたなか、2000年代に入ると米国の美術館ではウェブサイトにおけるコレクション公開が急速に広がり、デジタル画像の解像度も向上してフィルムにとって代わるようになった。ボストン美術館のホームページにおいても日本美術コレクションの公開が進み、第一次、第二次調査の成果を反映した作品情報が広く掲載されるようになってきた。こうした流れを受け、2017年には鹿島美術財団の助成によって第三次調査が再開されるとともに、第一次、第二次の調査結果も包含したカタログ・レゾネの刊行計画が進められた。筆者自身もこれに参画し、2019年にはボストンを訪れ、絵巻およそ180巻の調査を完了することができた。今回の出版では、第一次、第二次調査で得た

刊行済みの作品データをもとに情報を更新、当時撮影されたフィルム写真を
デジタルスキャンしたデータを可能な限り活用し、主要な作品については最
新の高精細デジタル画像に差し替え、解像度の劣るものは新規に撮影を行う
こととした。

　刊行計画は、2020年に世界を襲った新型コロナウィルス（COVID-19）の蔓
延によって、大きな影響を受けることとなった。同年3月には、米国東海岸
における感染が急拡大し、ボストン美術館は長期のロックダウンとなり、学
芸員も出勤できない事態が続いた。予定していた新たな写真撮影も延期とな
る中、出版企画に関する日本側とボストン側での交渉はリモート会議に切り
替え、月一回のペースで20回以上にわたって続けられることとなった。そ
して2022年3月、『ボストン美術館日本美術総合調査図録』が中央公論美術出
版より刊行された。

4　カタログ・レゾネとデジタル・アーカイブズ

　この図録では、作品に関わる客観的な情報、すなわち「作品名(和・英)」
「作者名(和・英)」「制作年代」「数量」「材質・形状」「法量」「落款・印章」「所蔵
番号」「箱などの付属品」とともに、調査を担当した各分野の研究者による「所
見」が付されているのが特徴である。所見には、真贋の判定、原本か模本か、
様式に基づく作者の特定、修理や補筆の有無と程度、落款や印章の形状に基
づく制作時期の推定、作品そのものの出来ばえに関する評価、といった鑑識
や価値判断とともに、箱書きや添状にみられる伝来や旧蔵者の特定、ボスト
ン美術館に収蔵された事情といった作品成立以降の履歴に関しても言及され
ている。コレクション形成に主要な役割を果たしたフェノロサや岡倉が、近
代における「日本美術史」の学問的基盤を築いた人物たちであったことを考慮
すれば、ここに収蔵された作品ひとつひとつの選択と評価の基準を明確化し、
その著作や発言と突き合わせていくことで、彼らの鑑識眼や組み立てようと
していた歴史像に迫ることができると思われる[4]。カタログ・レゾネの効用

とは、作品にまつわる情報と評価を集積し、これらを基盤として生み出された美術史上の諸学説との関係性を明確化する点にもある。

今後、カタログ・レゾネをデジタル・アーカイブズと融合するために必要なことを三つ挙げてみたい。一つ目は、画像解像度の精細化と、研究における使用利便性の向上である。現在、ＩＩＩＦ（International Image Interoperability Framework）という共通の規格によって、異なる美術館の収蔵品の画像を同一のブラウザ上で閲覧し、比較検討を行えるようになっている。細部の様式や図像を比較し、作品の真贋や制作年代、作者の同定を効率化するためのプラットフォームづくりも急務といえる。そのことによって、比較サンプル数の飛躍的な拡大や、AIを用いた情報検出の自動化も視野に入ってくる[5]。米国の美術館では、ホームページ上に掲載された作品画像の多くは学術目的であれば許諾なしに使用可能で、商業目的（グッズの制作など）もライセンス処理を不要とするところもあるように、研究資源としてだけではなく、広く人類の遺産として画像を共有していく方向性は望ましいことといえる。存命作家や遺族の著作権保護には十分な配慮が必要であるが、これらに該当しない前近代の作例については、特にそのようなオープンさが求められよう。

二つ目は、カタログ・レゾネそのものの拡大や、研究書・展覧会図録・一般書、さらには新聞・雑誌の記事やオンラインメディアとの幅広い接続である。ボストン美術館では第一次・第二次調査で撮影した日本美術作品のフィルムをスキャンしてデジタル化し、刊行済みの作品データ（日本語・英語）を反映させる形でコレクションのウェブ公開を進めているが、今後、同館では新たに刊行された『ボストン美術館日本美術総合調査図録』所載の作品データを日本語・英語にて反映させていく予定である。紙媒体のカタログ・レゾネは、出版時点での情報をいったん固定することができるという効用がある一方で、追加や改訂には大きな労力とコストを要する。これをデジタル・アーカイブズ化することで、情報の更新や修正が即座に、また低コストで行えるという利点が生まれる。米国の美術館では一部の作品をオークションで売却して資金を調達し、新たな作品を購入することで特色ある分野をより補強す

ることがしばしば行われる。このことによって、コレクションは一定の流動
性をもつため、情報更新の必要性はきわめて高い。

　また、ウェブサイトに掲載するオーラルヒストリーとの接続も視野に入れ
ている。同書に関わった研究者は、刊行の時点において20代から90代まで
幅広い年代にわたり、プロジェクト自体、平成期の30年間継続したことに
なる。前述のように空前の規模の海外調査であり、ここに参画した研究者の
経験についても記録し、公開していく必要を感じている。そこで2022年か
ら開始したのが、参加した研究者へのインタビューである。現地での調査の
経緯、調査に参加したことによって生じた調査者自身の研究の変化、日本美
術を通じた国際交流の展望、といった点を中心に聞き取りを進め、調査を共
同で進めた鹿島美術財団のホームページに順次、公開していく予定である。
1960年代から80年代に続々と刊行された美術全集では、しばしば月報が付
され、ここに掲載された編者へのインタビューでは、書籍本体にはない「生」
の編集事情が語られていた。デジタル空間において、オーラルヒストリーと
カタログ・レゾネとを有機的に結合させることが可能になるであろう。

　三つ目の課題は、作品の保存・修復・復元とデジタル・アーカイブズとの
接続である。修復は伝統的技術を継承しつつも、科学的分析の進歩とともに、
新たな材料や手法の導入を行っている。また、修復の成否や評価を見定める
ためには、数十年単位の時間が必要な場合も多い。絵画の裏側や、仏像の体
内といった修復時に得られた画像だけでなく、紙・絹・木材・金属といった
材料のサンプル分析によるデータ、絵の具にかかわる情報などもデジタル上
のカタログ・レゾネと接続できる仕組みが求められる。作品の「裏側」にかか
わる資料や「伝統」に基づく職人的技術は、高度に専門的であるがゆえに情報
が閉鎖的になりがちである。しかし、研究分野の細分化による後継者育成の
困難さ、伝統的な制作・修復技術、素材生産者の後継者不足を考慮するなら
ば、こうした陽の当たりにくい情報の記録は重要な意味をもってくることに
なる。

5 おわりに

　印刷物としてのカタログ・レゾネは、刊行の時点における作品情報、作家情報の決定版として、美術史学の流れの中で、いわば句読点としての役割を果たしてきた。これがデジタル・アーカイブズ化されることによって、上記のように情報が諸方面に広がり、いつでも融通無碍な編集が可能なものへと変化していくことになるだろう。重要なのは、従来のカタログ・レゾネにおいて編者の役割であった情報・内容に対する吟味・検証を、専門的かつ定期的に継続することである。そこでますます期待されるのが、展覧会と展覧会図録の役割である。実際に作品を一堂に集める展覧会は、学芸員という専門家が企画し、作家別、時代別、ジャンル別に定期的に開催されるからである。最近では、展示会場の三次元的な撮影、VRによる空間体験、これらデータのアーカイブズ化が試みられるようになっており、会期終了後も会場の雰囲気を把握できる点は画期的である。

　以上のように、カタログ・レゾネとデジタル・アーカイブズとの接続は、保存、出版、展示という旧来の美術史学における営みの価値を再定義するという意義も有することになろう。

　　注

1)　髙岸輝(2020)「美術史／日本史の境界と越境の可能性——展覧会・美術全集・デジタル画像」『日本史研究』(700).

2)　アン・ニシムラ・モース(2022)「日本美術オープンアクセスの基盤形成——ボストン美術館と鹿島美術財団による共同調査の30年」『ボストン美術館日本美術総合調査図録』辻惟雄・アン・ニシムラ・モース・髙岸輝監修、中央公論美術出版.

3)　仏画・垂迹画、仏像・神像、仏具、袈裟・横被、能面・狂言面・伎楽面・舞楽面、絵巻、水墨画、初期狩野派・桃山諸派、江戸時代狩野派、琳派、土佐・住吉・復古大和絵派、肉筆浮世絵、円山四条派、曾我蕭白・伊藤若冲、洋風画・南蘋派・南画・諸派、近代絵画。

4)　竹崎宏基(2022)「フェノロサと円山四条派——ボストン美術館の収蔵品と『東洋美術史綱』所載作品の検討を通じて」『鹿島美術研究』年報第38号別冊.

5) 鈴木親彦・髙岸輝・本間淳・Alexis Mermet・北本朝展（2020）「日本中世絵巻における性差の描き分け——IIIF Curation Platform を活用した GM 法による『遊行上人縁起絵巻』の様式分析」『人文科学とコンピュータシンポジウム じんもんこん2020論文集』は、そうした試みの一つである。

第11章

多量のデータ作成と計量分析を実践する歴史学研究者から見るDA・DHの希望と展望

小風綾乃

1　はじめに

　筆者は学部時代から歴史学を専攻し、18世紀フランスの科学アカデミーについて研究してきた。デジタル・ヒューマニティーズに初めて触れたのは修士課程2年で参加した西洋史学会であり、その後自身の研究に取り入れるようになって早くも7年目になる。現在では、自身のコアな研究テーマである科学アカデミーの制度史研究における史料読解や計量分析の補助としてだけでなく、当代を代表する辞典であるディドロ・ダランベール編『百科全書』の編纂の場で引用された典拠文献についてのクラウドソーシングプロジェクトを動かせるようになった[1]。しかし、デジタル・ヒューマニティーズを修士・博士課程で体系的に学んできたわけではない筆者にとって、研究の軸足はこれまでも、これからも、歴史学に置かれ続けるだろう。そのため本章では、デジタル・ヒューマニティーズが切り拓く可能性に期待するいち歴史学研究者として、自らの実践経験を通して、デジタルアーカイブとデジタル・ヒューマニティーズに対しどのような希望と展望を持っているかについて述べる。特にデジタルアーカイブについては、筆者の専門に深く関わるフランス国会図書館のGallicaの制度に焦点を絞って論じたい。

2 デジタル化における里親制度——デジタルアーカイブへの期待(1)

　筆者の主な研究テーマである18世紀フランスの科学アカデミーでは、書記により詳細な議事録が作成されていた。現在この資料はフランス国会図書館とそのパートナー機関によって運用される電子図書館Gallica[2)]にて大部分が公開されている。なお、Gallicaで公開される資料はダウンロードだけでなくIIIF(トリプルアイエフ、画像公開の国際規格)に対応しているため、ユーザーは自分に合った閲覧環境を選択することができる。遠く離れた日本に居ても、重要資料の大半をいつでも閲覧できる環境には感謝している。この思いは、新型コロナウイルスによる渡航制限を受けてさらに強くなった。

　しかしまだ公開されていない資料に自身の研究にとって重要なものが含まれるのも事実である。Gallicaにはユーザーが里親になる、つまりデジタル化のコストをユーザーが負担することで新たな資料のデジタル化を進めることができる制度があるそうだ[3)]。現物を確認しなくても記述が確認できれば良いという場合には、デジタル化のコストを負担した方が渡航費より安く済む可能性は高いだろう。その上同じ資料を必要とする第三者の役に立てば二重の恩恵を受けられる。このような制度がより広く知られ、より多くのデジタルアーカイブ提供機関に取り入れてもらえると大変ありがたい。

3 作成した研究データの提供元への還元
——デジタルアーカイブへの期待(2)

　話を科学アカデミーの議事録に戻すと、このテキスト化されていない手稿画像を計量的に処理するにあたって、最初に必要になるのはテキストデータの作成であった。筆者がデジタル・ヒューマニティーズを研究に取り入れる際には、ほとんどの場合ここが出発点になる。最初は自身の手で100年分の会員の出席記録を翻刻した。しかしそれにかける労力の大きさは、それ以外の研究を阻むものであり、持続性がないことが課題であった。共同研究でな

ければ、本文を対象とした計量研究に発展させることは不可能に近い。今になって思えば、独りで黙々と史料に向き合い、翻刻して整理し分析するというアプローチは伝統的歴史学の手法そのものである。デジタル・ヒューマニティーズ的手法というのは、その後のSQLiteやPythonを使った整理法と分析を対象としたものであったと言えるだろう[4]。

　この課題を解決し、議事録の本文全体を対象とするようなより深い分析に進むために、これまでより効率的なデータ作成フローを組む必要を感じていた。そこで現在取り組んでいるのが、AIを活用した翻刻ソフトにより一括で翻刻し、自身では修正だけを行うという手法である。

　現在開発・公開されているAI翻刻ソフトはいくつかあるが、筆者はTranskribus[5]というソフトを用いている。TranskribusはHTR（Handwritten Text Recognition、手書きテキスト認識）ソフトであり、自身で文字のモデルを作成することにより癖のある字も機械的に翻刻できるようになる便利なツールである。手稿資料を翻刻の対象とする場合には、OCR（Optical Character Recognition、光学的文字認識）が有効にはたらかないことが多いため、独自のモデルを使う必要がある。TranskribusではIIIF画像をソフトに取り込む機能が搭載されているため、Gallicaで公開されている議事録のIIIFマニフェストを取得し、そのURLを入力することによって画像をソフト上に取り込むことができた（図1）。そうすれば、Gallicaに公開されている資料画像と紐づいた形で翻刻を作成できるはずである[6]。筆者としては、IIIFマニフェストを読み込んで使うことで、高精細画像を手に入れるだけでなく、完成した翻刻をTEI（人文学のテキスト構造化の国際的枠組み）形式でGallicaに提供できることを期待していた。しかしGallicaでは現在ユーザーからの翻刻の提供は受け付けていないようである[3]。IIIFは画像の規格でありテキストと直接結びつかないことは仕方ないが、テキスト側ではTEIのタグを使うことにより画像と関連づけることができる。このように人文学のための国際的規格を使って作成したデータを、提供元のデジタルアーカイブに還元できないことは残念に思っている。

①GallicaのIIIFマニフェストを取得　　②Transkribusインポート画面にIIIF manifest URLを入力

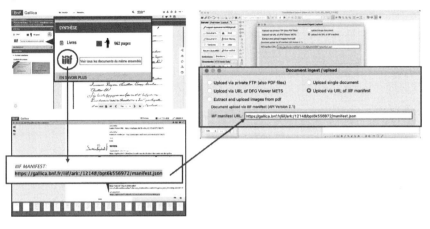

図1　TranskribusにおけるIIIF画像のインポート

　歴史学、ひいては人文学の場合、分析に用いた元データを公開する姿勢はまだ一般的とは言えない。公開先も限定されており、自分の属する分野の研究者に成果物を伝えられるようなリポジトリを選択することは至難の業である。なかでも翻刻は資料の提供機関への配慮も必要とする種類のデータであるため、作成した翻刻を提供元のデジタルアーカイブに還元する仕組みがあれば、提供機関と研究者、そしてその資料を使う第三者にとって資するところは多いのではないだろうか。逆に言えば、そのような仕組みがなければ適切なデータの公開先を選べない人文学者は多いだろう。その結果、公共の利益になるような大量の翻刻が研究者のパソコンに死蔵されたり、ホームページで公開したものの、研究費の枯渇とともに消滅することになる場合もある。将来的な展望として、作成したデータを第三者が再利用しやすい場所、つまりリンク機能などで元データから作成したデータへ直接アクセスできる場所に置けるような環境が整備されることを希望している。

4　誰もがオンラインでデータを作ることのできる環境の整備

──デジタル・ヒューマニティーズへの期待

　近年、人文学でも市民参加型の研究が進展している。イギリスの Transcribe Bentham プロジェクト[7]や日本の「みんなで翻刻」[8]が一定の成功を収め、継続的なユーザーを獲得して様々な資料の翻刻作業が行われている。筆者はこれらの研究を参考に、共同研究に資するアプリケーションを共同で開発した。対象とした資料は『百科全書』である。フランスの啓蒙思想を代表するようなこの書物では、多くの執筆者によって、学問や技芸・工芸についての幅広い知識が多くの典拠文献を引用しつつ紹介されている。『百科全書』・啓蒙研究会ではこれまでそれらの典拠文献を抽出するプロジェクトを進めてきた[9]。新型コロナウイルスの流行以前には、会員が定期的に集まって相談しながら作業が進められてきたとのことであった。対面での実施が困難になって以降、会員の作業環境を構築することが課題となっていたため、筆者がブラウザアプリケーションへの移行を提案した[10]。

　作業環境をローカルからオンラインに移行するメリットには、まず、作業進捗の共有が容易になるというものがある。ブラウザアプリにしてデータをサーバー上で管理することにより、一項目単位で作業を共有できるため、初学者や学生、他の業務に追われる教員など、作業の進みの遅い会員の負担を減らし、他の会員がカバーしやすくなる。また、未着手の項目ならどこからでも作業に取り組めるように設計したため、自分の得意分野の作業に集中することもできるのである。さらに、時と場所を選ばない作業環境もメリットである。オンライン会議で画面を共有することも容易であるし、個人で作業をする場合でも、パソコン、タブレット、スマートフォンなど、どのデバイスからでもアクセスできる。最後に、新規参入コストを下げたというメリットがある。新規のメンバーに作業を手伝ってもらうときには、ただブラウザアプリを紹介するだけでよく、既存メンバーの作業分担を組み直す必要がなくなった。

会員の作業を効率化するために構築したブラウザアプリケーションをより広いユーザーに向けて提案するためには、操作性を高めるとともに、作業を単純化してわかりやすくする必要がある。しかし初めからアプリがブラウザ上に置かれているため、クラウドソーシング化自体はそれほど難しくない。誰にでも手伝ってもらえるということは、中間成果物を誰でも見ることができるということでもある。人文学の研究成果物は完成してから公開されるのが慣わしであるが、そのために作業途中で葬られてしまったプロジェクトも多いのではないだろうか。プロジェクトの進行を加速し完遂する方法は、それに割く時間を増やすか、より多くの人や機械に手伝ってもらうしかない。途中で資金が尽きて継続不能に陥っても、誰かが引き継げる形で途中成果物が公開されていれば、いつか誰かがその仕事を完成させてくれるかもしれない。

　オンラインでデータの土台を作成するプロセスを公開し、市民、あるいは同様の研究をしている研究者に手伝ってもらったとしても、最後の細かい調整や真偽性のチェックは専門性のある研究者にしかできない。よって、史料集やデジタル学術編集版の質を担保できるかどうかはプロジェクトの設計次第であると言えるだろう。アプリケーションのメンテナンスを除けば、このような作業フローは研究者側の負担を減らしこそすれ、増やすものではないと筆者は考えている。また、クローズドな環境で資料のデジタル化やデータベースの作成が進められるということは、世界中で同様のプロジェクトが同時並行で進められていても気づけない場合があるということでもある。ひとつのデータベース作成に長い年月を費やすことの多い人文学研究では尚更起こりうる事態であろう。

　このような理由から、筆者は人文学研究のクラウドソーシング化に賛成する。インターネットの発展により国際的協働が容易になった現代だからこそ、人文学研究者にもその仕事の一部を公開で進めることを期待しても良いのではないだろうか。なお、「クラウドソーシング」という用語は参加するメンバー・市民を「クラウド」として顔の見えない存在に帰属させるニュアンス

を含んでいることから、学術研究では避けられる傾向にある。そのような研究では例えばこれに替わるものとして「市民参加型研究」などの用語が用いられる[11]。しかし、オープンな形で進められる研究が人文学の専門的な知識や技術を必要とし、参加できる範囲が限定される場合にも「市民参加型」と言い切ってしまうかは慎重に考えたいところである。筆者が開発に参加している『百科全書』のプロジェクトなどは、市民というよりはむしろ類似分野・テーマの研究者に向けて開かれたものであると言える。「市民」も参加できるが、彼らに還元できるような参加メリットはそれほど多くない。人文学研究のクラウドソーシングの文脈では、ユーザーに対する利益の還元は知財であることが多く、謝金を支払う場合は稀だからである[12]。そうなるとますます参加者は限定され、「市民参加型研究」というよりはユーザー属性が未知数の「クラウド（群衆）」による「クラウドソーシング」あるいは「オープンな共同研究の場」という表現の方が合うようなプロジェクトも出てくるだろう。

　ただし、この理想を実現するにはあまりに大きな障害がある。多くの人文学研究者はプログラミングの知識を持たず、オンライン作業環境を自力で構築することができないというものである。筆者も、基礎データの作成は自身で行ったものの、肝心のアプリケーションの動作環境は情報学の専門性を持つ中村覚氏に依頼する形をとった。近年、デジタル・ヒューマニティーズや狭義のデジタル・ヒストリーの普及により、伝統的な手法をとってきた歴史学研究者側にもデジタル環境の活用について意識の変化が見られるようになったかに思えるが、本人の技術やそれを委託できる人脈がなければ実行に移せないケースも見られる。伝統的な研究手法はある程度分野によって確立しており、分野間で共有できるものもあるため、例えば言語学や社会学で使われているKH Coder[13]のように、ツール化・パッケージ化されていれば、実践できるようになる研究者も多いのではないだろうか。

　以上のことから筆者が将来のデジタル・ヒューマニティーズに期待することは、「方法論の共有地」としてアプリケーション機能とそれらの学びの場を提供することである。「方法論の共有地（Methodological Commons）」は「様々な

分野のアプリケーションが共有する計算可能な手法のための概念上の領域」で、デジタル・ヒューマニティーズの基礎概念のひとつとされる[14), 15)]。先に挙げた KH Coder のような分析ツールは着実に数を増やしており、Omeka[16)]や Recogito[17)]のような国際規格に則ったデータの集積場も用意されるようになった。しかし、個人の研究に合わせてカスタマイズした形でデータを作り、管理できるツールはまだあまり見ないように思う。人文学のそれぞれの分野で解釈の仕方は違えども、データのタイプは共通していることが多い。そのため、それらを処理する基本的なパッケージがあれば、様々な分野でより活発なデータ構築が進められるのではないだろうか。

　例えば画像やテキストデータからある情報を抽出したいときに、画像を取り込み、抽出する項目名などを指定さえすれば誰でもオンライン上での作業環境を構築できるようなアプリケーションが提供されるならば、筆者が実践するような研究プロジェクトは複雑なプログラミングができなくても公開環境で進められるようになるだろう。このようなキーワード抽出型のアプリケーションの他にも、IIIF 画像を表示させながら TEI マークアップを進め、資料を管理できるシステム[18)]などは多様な分野での応用が可能であるように思える。これらはまだ個別研究での使用に留まり、情報学者による技術支援あってのプロジェクトとなっているが、これらのアプリケーションやシステムが汎用性を持つようになり、取り組み方を学べる機会が用意されれば、デジタル・ヒューマニティーズを実践する人文学者の輪は急速に広がっていくことが期待できると筆者は考えている。Microsoft Excel や Word、公開資料、データベースのように、人文学者の研究の傍にごく自然にデジタル・ヒューマニティーズの作業ツールが置かれる日が来ることを願っている。

5　おわりに

　本章では、デジタルアーカイブに対する希望として、資料デジタル化における里親制度の導入と拡充、公開された資料をもとに作成した研究データを

資料の提供機関に還元する仕組みの整備について、Gallicaに焦点を絞って述べてきた。デジタル・ヒューマニティーズに対しては、誰もがオンラインでデータを作り、気軽に公開できるような環境の整備を期待したい。これらはいずれも資金や労力のかかるものであり、簡単に実現できるとは思っていないが、多くの人文学研究者が資料やデータと向き合う姿勢を変化させるには有効な方策だと考えている。データの作成や作成環境の整備、積極的なデータやプロセスの公開など、筆者も伝統的な歴史学研究者として、できることから協力していきたい。

注

1) 百科全書典拠作業アプリ(https://enc2021-2807d.web.app/)(最終アクセス：2022年11月18日)

2) https://gallica.bnf.fr/(最終アクセス：2022年11月18日)

3) 小風綾乃(2022)「イベントレポート「日仏図書館情報学会主催「Gallica——その戦略のゆくえ」『人文情報学月報』(129)【後編】.

4) 小風綾乃・大向一輝・永崎研宣(2020)「18世紀パリ王立科学アカデミー集会の出席会員分析に向けたデータ構築と可視化」「第123回人文科学とコンピュータ研究会発表会(予稿)」2020-CH-123(3), 1-8, http://id.nii.ac.jp/1001/00204773/(最終アクセス：2022年5月31日)

5) https://readcoop.eu/transkribus/(最終アクセス：2022年11月18日)

6) 小風綾乃(2022)「Transkribus実践レポート——100年分のフランス語議事録翻刻プロジェクト」『人文学のためのテキストデータ構築』永崎研宣・宮川創責任編集, 文学通信, 104–121.

7) https://www.ucl.ac.uk/bentham-project/transcribe-bentham(最終アクセス：2022年11月18日)

8) https://honkoku.org/(最終アクセス：2022年11月18日)

9) 逸見龍生・小関武史編(2018)『百科全書の時空——典拠・生成・転位』法政大学出版局.

10) 小風綾乃・中村覚・飯田賢穂・小風尚樹・逸見龍生(2021)「『百科全書』典拠研究アプリのクラウドソーシング化に向けた取り組み」『じんもんこん2021論文集』2021, 124–131, (http://id.nii.ac.jp/1001/00215671/)(最終アクセス：2022年5月31日)

11) 橋本雄太(2018)「市民参加型史料研究のためのデジタル人文学基盤の構築」(博士

学位請求論文, 京都大学) https://doi.org/10.14989/doctor.r13199 (最終アクセス：2022年5月31日)

12) Causer, T., Grint, K., Sichani, A.-M. & Terras, M. (2018) 'Making such bargain': Transcribe Bentham and the Quality and Cost-Effectiveness of Crowdsourced Transcription. *Digital Scholarship in the Humanities*, 33 (3), doi:10.1093/llc/fqx064.

13) https://khcoder.net/ (最終アクセス：2022年11月18日)

14) McCarty, W. & Short, H. (2002) Methodologies (https://eadh.org/methodologies) (最終アクセス：2022年5月31日)

15) 永崎研宣 (2020)「Methodological Commons——デジタル人文学で昔から定番の話」(https://digitalnagasaki.hatenablog.com/entry/2020/12/20/182659) (最終アクセス：2022年5月31日)

16) https://omeka.org/ (最終アクセス：2022年11月18日)

17) https://recogito.pelagios.org/ (最終アクセス：2022年11月18日)

18) 中村覚・佐治奈通子・永崎研宣 (2019)「TEIとIIIFをベースとしたオン/オフライン併合型史料研究支援システムの開発——オスマン・トルコ語文書群を対象として」『じんもんこん2019論文集』293–300.

第12章

大学がつなぐDAとDH、
大学をつなぐDAとDH

大向一輝

1　はじめに

　本章では、デジタルアーカイブとデジタル・ヒューマニティーズの連携に
対して、大学が果たすべき役割は何か、そして両者の連携が大学組織に何を
もたらし得るのかについて議論したい。

　個々の大学の形態は千差万別であり、大学組織の有り様を一律に捉えるこ
とは困難だが、学術を対象とした非営利活動を行うための組織であるという
定義は可能であろう。一方、この定義を満たすのは大学の他にも公的な研究
所や初中等教育を担う学校がある。これらと比較すると、大学は相異なる複
数のミッションが一部融合する形で並存している点が特徴的である。

　大学が研究と教育の場であることは誰もが認めるところであるが、両者は
本質的に異なる活動である。研究とは未知の事象の発見や、事象に新たな解
釈を与えることによって知識を体系化していく一連の作業であり、教育は体
系化された知識を伝達し人物を育成する取り組みである。

　この2つの活動は相補的ではあっても、単一の組織の構成員が両方の活動
に従事することは決して自明なことではない。大学の歴史を紐解くと、19
世紀初頭のドイツにおいて、研究と教育が一体化した大学が初めて設立され
た[1]。それ以前の大学は専ら教育のみが行われ、研究は民間や国が設立した
アカデミーによって担われていた。今日でも、一流の研究者が必ずしも一流
の教育者ではないといった言説や、教育を受けている途上の（学問的には未

成熟な)学生が自ら研究を行う意義について議論が散見されるが、こうした自明ではない関係性の中で200年以上に渡る学問の営為があり、知識が蓄積されてきた。

　デジタルアーカイブとデジタル・ヒューマニティーズの間にも、大学における研究と教育の関係に相似した構図があるのではないか、というのが本章で提示する仮説である。情報を整理し共有する活動と、共有された情報から新たな知見を得る活動は、関連はありつつも同一の組織内で実施する必然性はない。

　実際に、両者は一種の分業体制を築いてきた。図書館や博物館、文書館を中心としたデジタルアーカイブの構築と、大学におけるデジタル・ヒューマニティーズの研究教育は強く依存することなく進められている。大学にも附属の図書館・博物館・文書館があり、デジタルアーカイブを積極的に推進している例も多いが、研究教育部局とは独立しているという点において大きな違いはない。

　こうした分業が成立するのは、専門分野の違いによらず資料の形態が概ね安定しており、資料収集・管理の専門家に委ねることで効率的かつ機動的な対応が可能になるためである。結果として大規模な資料が集約され、資料の専門家によって付与された書誌情報と、利用者である各分野の専門家が持つ暗黙知に基づいて各種資料へのアクセスが可能になっている。

　一方、このような分業体制は特定の状況に対して最適化されたものであり、前提条件が異なる場合には必ずしも適切な体制であるとは言えない。例えば、分野ごとの固有性が著しく高い原資料においては分野横断型の組織では扱い難い場合がある。また、暗黙知を持たない他分野の利用者にとっては、書誌情報だけではアクセスに十分な情報量に満たない可能性がある。

　あるいは、現在の分業体制が想定している前提条件に大きな変化が生じた場合にも対応が困難な事象が起こるだろう。次に述べるように、大学は内外の要因によって変化を要請されており、このことが今後のデジタルアーカイブとデジタル・ヒューマニティーズの関係性に影響を与えることが予想される。

2　変容する大学とデジタル技術

　近年の大学が絶え間ない変化を迫られていることは周知の通りである。日本では、2004年の国立大学法人化をはじめとして、組織や予算に関するさまざまな制度が改定され、それらに応じる形で各大学ならびに構成員の振るまいに影響を与えている。加えて、間接的に大学のあり方を規定する要素として、2020年に改正された科学技術・イノベーション基本法において人文学(同法では「人文科学」と記載)が対象に組み込まれ[2]、また翌2021年から実施された第6期科学技術・イノベーション基本計画において「人文・社会科学の知と自然科学の知の融合による人間や社会の総合的理解と課題解決に貢献する『総合知』」という概念が提示され、「専門知」と対比されている。

　これらの変化は、従来より大学が依拠してきた学問の独立性とは別に、社会が大学を物心両面で支えており、それゆえに大学は社会の要請に応えるべきであるという価値観に基づくものであると言える。

　それでは社会の要請とは何であるのか。上記の政策や制度について述べられた文書には、目下の課題解決に資する知見の提供、経済価値の創出、税金を用いた研究教育活動を行うにあたっての透明性の確保などが挙げられている。

　今後、こうした要請に合致した研究テーマや人材育成の枠組みに対して集中的に予算が投じられ、その結果としての業績評価や、不正防止に関する施策の厳密化が予想される。このような潮流は日本だけではなく、欧米を中心とした諸外国でも同様の現象が生じている。

　こういった、大学の視点からは外的要因として位置づけられる状況の変化は、デジタルアーカイブやデジタル・ヒューマニティーズにとっては追い風になると見ることもできる。デジタルアーカイブは、研究教育のための基礎資料であるだけでなく、社会に対する情報提供の手段として注目されている。また、デジタル・ヒューマニティーズは人文学と情報学の複合領域として総合知の典型例であると見なされており、人文学の諸分野同士を接続する基盤

としての役割が期待されているところでもある。

　一方、時流に即していることをもって両分野が安泰であると考えることはできない。例えば科学技術・イノベーション基本計画は5年間の方針を示すものであり、次期計画では今期とはまったく異なる観点が提示される可能性が高い。外的要因への対応に終始するだけではなく、大学そのものに内在する課題に着目し、何らかのソリューションを提供する姿勢が必要である。

　それでは、デジタルアーカイブとデジタル・ヒューマニティーズが向き合うべき課題とは何なのか。筆者は学問自体のデジタル化とも呼ぶべき事象がそれに相当すると考える。

　すでにあらゆる学問分野においてコンピュータとネットワークの利用は浸透し、情報共有やコミュニケーションの手段として日常的に用いられている。また資料の入手や成果の公開についてもデジタル情報を第一の選択肢とする分野は数多く、デジタルアーカイブの貢献が大きい領域でもある。

　デジタル情報や情報技術が学問に与えた影響はこれだけでも十分に大きい一方で、従来の研究・教育プロセスにおける作業の一部を効率化したにすぎないという批判もある。国連開発計画では、産業におけるデジタル化の様相を、紙などの物理的な媒体に依拠したプロセスをデジタル情報に置き換えるデジタイゼーション、組織形態や業務プロセスをデジタル情報の流通に適した構造に一新するデジタライゼーション、組織内外の文化や社会制度の見直しまでを含めたデジタル情報の活用を目指すデジタルトランスフォーメーションに分類している[3]。

　学問のデジタル化とは上記の定義におけるデジタルトランスフォーメーションに相当する。人文学を例にその姿を考えるならば、物理的媒体に根差した資料とボーンデジタル資料を区別なく、また異なる情報源の情報を分け隔てなく収集し、得られた大規模データに対して統計的な処理や知識処理を適用することで個別の資料の検討のみでは得られない知見が明らかになるといった状況が期待される。

　資料の大規模化、そして分析手法の多様化にあたっては地域や専門分野を

問わず多くの協力者が必要となる。そこでは、質的に異なるものごとの間で共通性を見出し、同一の手段で問題解決を図るデジタル技術を最大限に活用する環境をどのように設計するのかが問われる。こうした要求の中で、デジタルアーカイブとデジタル・ヒューマニティーズは、いったん分業の体制を解き、他分野の専門家を巻き込みながら議論を進める必要がある。

　その結果として、国際化や分野の横断、総合知といった外的要因の中で求められてきた要件は必然的に達成されるものと思われる。さらには、大学組織が持つ研究と教育のミッションの違いや、理系と文系、学問の独立性と社会貢献との対立的な関係といった本質的な課題に対しても議論の道筋を与えることにつながるのではないだろうか。

3　教育カリキュラムにおけるDA・DH連携

　前節で述べた未来像をどのように実現していくのか。まずは現状を把握するために大学教育のカリキュラムに注目する。個々の研究活動があくまでも他とは独立に実施される一方で、教育については分野ごとに育成する人材像が明確にされているために検討の対象とした。なお、本章ではデジタル・ヒューマニティーズを主題としたカリキュラムにおけるデジタルアーカイブ関連の取り組みについて言及する。当然ながら逆からの視点、すなわちデジタルアーカイブに関するカリキュラムを見る必要もあるが、これについては稿を改めて論じることとしたい。

　大学には博士、修士ならびに学士の学位を授与する課程の他、分野に応じて定められた一定数の講義群を修了した履修証明あるいは修了証を発行するプログラムが設けられている場合がある。一般的には、新興の学問分野の教育においては、履修証明・修了証プログラムのような小規模な取り組みから開始し、次いで大学院での修士課程・博士課程の設置が進められることが多い。大規模なプログラムの整備が必要となる学部の設置には多大な時間を要する。

全世界の大学におけるデジタル・ヒューマニティーズ関連のカリキュラムを網羅した情報は管見の限り存在していないが、欧州の人文学デジタル研究基盤（DARIAH）が作成した Digital Humanities Course Registry[4]や、コロンビア大学の Group for Experimental Methods in the Humanities が収集している Advanced Degrees in Digital Humanities[5]では一部の大学におけるデジタル・ヒューマニティーズ関連の教育プログラムの整備状況を知ることができる。

　学位の種別ごとに整理された後者のリストには、博士号を授与するプログラムを持つ大学が9校、修士号が55校、学士号が25校掲載されている。また、履修証明・修了証プログラムは48校で提供されている。この中で、広汎な学位プログラムを持つ大学の代表例として博士号を授与する大学についてカリキュラムの確認を行った。

　デジタル・ヒューマニティーズの先進的な研究教育が行われていることで著名な英国の King's College London では、デジタル・ヒューマニティーズ学科が設置されており、同名となるデジタル・ヒューマニティーズの修士プログラムを提供している[6]。この修士プログラムのカリキュラムの中には、選択可能なモジュール（特定のテーマに関連した複数の授業のグループ）として Curating & Preserving Digital Culture や Digital Asset and Media Management Technologies In Practice が含まれており、デジタルアーカイブに関連したテーマを学ぶことが可能である。同学科では Digital Asset & Media Management の修士のプログラムが併存しており、デジタル・ヒューマニティーズの学位取得に際して必ずしもデジタルアーカイブを学ぶ必要はないが、両者の連携が強く意識された構成であると言える。

　同じく英国の University College London のデジタル・ヒューマニティーズ修士では、Introduction to Digitisation の授業においてデジタルアーカイブの構築や運用に関する授業が行われている[7]。

　アイルランドの University College Cork では、Digital Arts & Humanities の修士プログラムの中に選択可能なモジュールとして Contemporary Practices in Publishing and Editing が挙げられている[8]。また、学部のプログラム Digital

Humanities & Information Technology には Digital Content Management の授業が
ある。

　オーストリアのグラーツ大学におけるデジタル・ヒューマニティーズのカ
リキュラムには、持続可能性と研究データというモジュールの中にデジタル
長期保存とデータ管理の授業がある[9]。

　いずれの例も、授業あるいはモジュールの大半はデジタル技術の活用に重
きが置かれており、デジタル情報の管理や共有に関する授業の割合はごく一
部である。現状に置いては、両者の連携が明確な形で行われているとは言い
がたい。

　米国の University of Central Florida は、デジタル・ヒューマニティーズに
関連するプログラムは博士のみの Texts and Technology というやや珍しい形
態である[10]。専門分野の一覧の中には Digital Humanities に加えて Editing,
Publishing, and Interdisciplinary Curating の記載があり、EPIC と略称されてい
る。EPIC の概念にはデジタルアーカイブやデジタルコレクション、デジタ
ル空間の構築や公開といったテーマが内包されている。

　国内では、デジタル・ヒューマニティーズの学位を授与するコースは存在
していない。筆者が所属する東京大学では、大学院生を対象としたデジタ
ル・ヒューマニティーズの修了証プログラムを展開している[11]。ここでは、
モジュールに相当する選択科目群の1つを「アーカイビング」と呼び、主に図
書館情報学の観点から資料の収集・管理についての授業を展開している。

　他にも、大規模な大学であればデジタル・ヒューマニティーズのプログラ
ムとは別にデジタルアーカイブに関する授業が提供されていることも多く、
結果として両者を学ぶ学生の数は増えていくものと思われる。しかしながら、
今後の連携関係をより確かなものにするためには、事実上連携しているとい
う状態から一歩進んだ明示化が必要となるだろう。

　Digital Humanities Stack ではデジタル・ヒューマニティーズを構成する学
術的あるいは技術的な構成要素を層状に図式化しており、その中心層にデジ
タルアーカイブを記載している(図1)[12]。筆者らが提供しているデジタル・

ヒューマニティーズの入門的な講義では、この図式を参考に、テキスト分析やネットワーク分析、時空間情報処理といった研究ツールとしての分析手法に加えて、メタデータ、テキスト構造化、コラボレーションなどデジタルアーカイブに関する諸技術を紹介することで、両者の関連を常に確認できるように構成している[13]。

　もちろん、この図式が唯一のものではなく、またデジタルアーカイブを十全に理解するためのカリキュラムとしては不足がある。しかしながら、デジタルアーカイブとデジタル・ヒューマニティーズを一体として捉える視点を導入することで、将来的にデジタルアーカイブの構築に携わる際には利活用の局面を想定したデータの作成を意識し、研究利用の際にはデータの作成プロセスを理解する態度を身につけられることが望ましい。

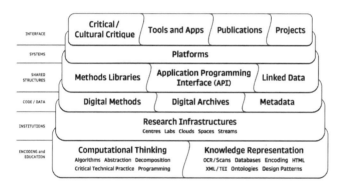

図1　Digital Humanities Stack

4　部局におけるDA・DH連携

　多くの大学組織は学問領域ごとに分かれた研究教育部局と、図書館・博物館・文書館などの分野横断型の共通施設、加えて運営のための事務組織から構成されている。先に述べたとおり、現時点においてはデジタル・ヒューマニティーズを担うのは研究教育部局であり、資料のデジタル化やアーカイブとしての公開の役割を共通施設が代行するという形での分業体制は広く見ら

れる。

　一般に、情報技術は普及の過程で低コスト化や大衆化が進む。デジタルアーカイブの構築や運用についても、コモディティ化の帰結として研究教育部局が自ら実施することが可能になる。むしろ、対象とする資料の内容に最も詳しい研究者自身が構築すれば、より研究の現場に適したものができるのではないかとの期待から多くのデジタルアーカイブが作られてきた。

　しかしながら、研究者の手によるアーカイブは、研究プロジェクトの終了や当人の引退に伴ってその存在が失われることがたびたび指摘されてきた。これは、資料の特殊性にも一因があるが、相互運用性や永続性を担保するための知見やノウハウが欠如した状態のまま作成や運用を行うからでもある。また、データだけでなく情報インフラを自身で用意し、これをメンテナンスするためのコストを時限的な研究費で負担し続けることができないという制度面の課題もある。

　この問題について、共通施設側が研究者によるデジタルアーカイブを引き取り、継続的な運営を行う例が見られる。このようなアプローチは、研究者ならびに共通施設の双方のミッションと整合するために採用されやすい一方で、こうしたアーカイブが増加すると共通施設側の資源が不足し、中長期的には継続させるアーカイブとそうでないアーカイブの選別が必要となること、また研究者側には長期的な運営責任について事前の検討を要しない一種のモラルハザードの状況を生じさせかねない。

　そこで、共通施設においては、デジタルアーカイブ運営の代行だけではなく永続性の高いデータの作成や管理、公開の手法を研究教育部局や研究者に伝える役割が求められる。これに加えて、近年ではクラウドを活用した部局横断型の情報インフラの整備も進められており、これらを活用して運用の負担を軽減することも可能になっている。

　デジタルアーカイブの構築に必要な資料の撮影方法やデータの構造化、メタデータの設計とその入力方法など、共通施設において培われてきた知見の数々を、自らが実践するためだけでなく研究教育部局に伝達し、セルフサー

ビスとも呼ぶべき状況に近づけること、またその手法を年々洗練させること
が共通施設の新たなミッションとして定義される必要がある。

　こういった動きの帰結として、共通施設の存在感が低減するリスクが懸念
される。しかしながら、既存の業務を減らす代わりに、今後進展していく新
たなメディアを対象としたデジタルアーカイブ化や、分析手法としての人工
知能技術の活用など、まだコモディティ化していない技術の評価や実用化の
ための研究開発を進めることで、新たな分業体制の設計とその中での存在感
を発揮していく必要がある。

　とくに3D情報などを用いた高度なデジタルアーカイブは、メタバース等
の仮想空間と相性がよい。研究のために作成されたアーカイブの情報をメタ
バース上に設置することで、市民へのアウトリーチ手段として活用すること
も容易である。

　さらには、アーカイブ機能を持った研究教育部局同士の共同研究も期待で
きる。東京大学の地震火山史料連携研究機構では、地震学を専門とする研究
所と日本史資料のアーカイブを持つ部局とが連携し、近代以前の数値情報が
得られない地震や火山噴火の情報を史資料から抽出し、事象の周期性を把握
するなどの研究が行われている[14]。

　部局を横断した共同研究やアウトリーチには無数の可能性があり、これを
デジタルアーカイブが下支えする構図が確立した際には、連携や分業という
言葉では表現し得ない、研究教育活動と不可分な存在として認識されること
になるだろう。

5　大学ならではのDA・DH連携

　ここまで、大学の教育面と組織面からデジタルアーカイブとデジタル・
ヒューマニティーズの連携のあり方について検討を行ってきた。これらは大
学の現状から演繹される予測でありつつも、大学以外の組織についても適用
可能な取り組みが多々含まれている。本節では、社会における大学の意義や

独自性を立脚点とした連携の可能性について考察し、本章の締めくくりとしたい。

　はじめに述べたように、大学は研究と教育をミッションとした非営利組織である。研究と教育は将来に対する投資であり、それ故に短期的な経済合理性から外れた、一見コストを度外視したような施策が正当化される。

　早稲田大学図書館では、重要文化財「杉田玄白肖像」の高精細画像を作成した際に、人物の傍らに置かれた書籍をその絵柄から特定することに成功した[15]。これは実物の肖像画を肉眼で一定距離から見た場合、あるいは一般的なデジタルアーカイブで公開されている画像の解像度の水準では全く判別できないが、高精細画像の該当部分を拡大して初めて調査分析が可能になったものである。書籍の特定を意図して撮影を行ったのではなく、コストを投じてデータを作成した結果として初めて肖像画の一部分が研究対象になり得た事例として象徴的である。画像の一部分や描かれた内容についての検討は、人文学ないしデジタル・ヒューマニティーズの研究では定石と言える一方で、その基盤になり得るデジタルアーカイブがこのような利用を想定していなければ、一般公開のみを目的とした低解像度のデータの作成に留まる可能性がある。その意味で、過剰であることを高く評価するようなコミュニティが必要であり、その評価を踏まえた研究や技術開発が進展するというサイクルの確立が求められる。

　大学の研究教育においては、常に公開資料のみを対象とするわけではなく、著作権保護期間中の資料や、機微な資料などを扱うことがある。このように、クローズドな空間であるからこそ利用が可能な資料については、デジタルアーカイブの構築や運用に費やすコストに比して得られるメリットが釣り合わないため、従来は実現が困難であった。しかしながら、近年の情報技術のコモディティ化、前節で述べた研究教育部局や研究者によるセルフサービス化によって、これらの資料群に対しても大規模デジタルアーカイブに遜色ない機能を持つシステムの構築が可能になりつつある。現時点では公開が難しい資料も、時が経ち状況が変われば解決する場合もある。ただし、公開が

可能になった時点ですでに散逸していたり、学問的な興味が失われてしまった後では取り返しがつかない。こういった、いわば中間資料に対する非公開のデジタルアーカイブ構築の試みは今後のデジタル・ヒューマニティーズの進展にとって極めて重要であろう。

　アーカイブズの観点からは、一部の大学において事務・運営資料の把握や管理に関する取り組みが行われているものの、組織としての主要なミッションである研究と教育の記録を捉えようとする動きは少ない。その中でも研究活動については成果である文献を機関リポジトリを通じて収集することや、オープンサイエンスの潮流に合わせて中間生成物としてのデータを共有するための活動が始まっている。一方、教育については手つかずと言ってよい状況であったが、近年の新型コロナ禍の影響によって多くの授業がオンラインで実施されるようになり、一部については教材や録画が学修支援システムなどの上で管理された状態にあるものと思われる。従来、教育に関するデータはオープンコースウェアやMOOCのように目的志向型で作成されたコンテンツが主体となってきたが、教育活動の結果として残された情報をアーカイブすることが事実上可能になったことから、今後の進展が待たれる。

　最後に、大学の研究や教育には常に批判的視座が必要である。新たな理論や解釈を立ち上げる際には批判者との議論が必要であり、また知識を教授する際にもそれらを不変の事実として伝えるべきではない。デジタルアーカイブとデジタル・ヒューマニティーズを同時に扱うことによって、データが作られる過程の中で何が意識的あるいは無意識的に取捨選択され、その選択が分析結果にどのように反映されるのかを知る機会となる。このことは、デジタル化以前にも不可視な形で生じており、人文学全体に対する批判的視座の獲得にもつながるだろう。こうしたクリティカルシンキングの涵養こそがデジタルアーカイブとデジタル・ヒューマニティーズの連携の最大の意義であり、大学に対する最大の貢献であると言えるかもしれない。

注

1）　吉見俊哉（2017）『大学とは何か』岩波書店.

2）　中村征樹（2021）「科学技術基本法改正と人文・社会科学」『学術の動向』26（5）, 36-41.

3）　United Nations Development Programme: Digital Strategy 2022-2025（https://digitalstrategy.undp.org/documents/Digital-Strategy-2022-2025-Full-Document_ENG_Interactive.pdf）（最終アクセス：2022年10月31日）

4）　CLARIN-ERIC and DARIAH-EU: Digital Humanities Course Registry（https://dhcr.clarin-dariah.eu）（最終アクセス：2022年10月31日）

5）　Columbia's Group for Experimental Methods in the Humanities: Advanced Degrees in Digital Humanities（https://github.com/dh-notes/dhnotes/blob/master/pages/dh-programs.md）（最終アクセス：2022年10月31日）

6）　Department of Digital Humanities, King's College London（https://www.kcl.ac.uk/ddh）（最終アクセス：2022年10月31日）

7）　UCL Centre for Digital Humanities（https://www.ucl.ac.uk/digital-humanities/）（最終アクセス：2022年10月31日）

8）　Department of Digital Arts & Humanities, University College Cork, Ireland（https://www.ucc.ie/en/dah/）（最終アクセス：2022年10月31日）

9）　Austrian Centre for Digital Humanities, University of Graz（https://informationsmodellierung.uni-graz.at/en/）（最終アクセス：2022年10月31日）

10）　Texts and Technology Ph.D., University of Central Florida.（https://cah.ucf.edu/textstech/）（最終アクセス：2022年10月31日）

11）　東京大学大学院横断型教育プログラム「デジタル・ヒューマニティーズ」（https://dh.l.u-tokyo.ac.jp/education）（最終アクセス：2022年10月31日）

12）　Berry, D. M.（2016）The Digital Humanities Stack（http://stunlaw.blogspot.com/2016/04/the-digital-humanities-stack.html）（最終アクセス：2022年10月31日）

13）　東京大学授業カタログ 人文情報学概論（I）（https://catalog.he.u-tokyo.ac.jp/detail?code=21220090&year=2022）（最終アクセス：2022年10月31日）

14）　東京大学地震火山史料連携研究機構：地震史料集テキストデータベース（https://materials.utkozisin.org）（最終アクセス：2022年10月31日）

15）　山本さぎり（2022）「高精細画像から見えてくるもの――重要文化財『杉田玄白肖像』に描かれた本」『ふみくら　早稲田大学図書館報』（102）, 2.

執筆者一覧

責任編集

鈴木親彦(すずき・ちかひこ)

1980年生まれ。群馬県立女子大学文学部文化情報学科准教授。

専門は人文情報学、文化資源学。

主な著書・論文に『オックスフォード　出版の辞典』(共訳、丸善出版、2023年)、『デジタル時代のアーカイブ系譜学』(共著、みすず書房、2022年)、Geographic analysis of published guidebooks and personal diaries on the diversity of city image in the Edo period, *Digital Humanities 2022*, 2022などがある。

執筆者(掲載順)

赤間 亮(あかま・りょう)

1960年生まれ。立命館大学文学部教授。

専門は近世文学・文化情報学。

主な著書に『文化情報学事典』(共著、勉誠出版、2019年)、『文化情報学ガイドブック——メディア技術から「人」を探る』(共著、勉誠出版、2014年)、「寛永6年度(1709)京都での丹波与作物歌舞伎狂言の上演をめぐって——絵入狂言本研究ノート」『アート・リサーチ』(立命館大学アート・リサーチセンター、2022年)などがある。

永崎研宣(ながさき・きよのり)

1971年生まれ。一般財団法人人文情報学研究所主席研究員。

専門は人文情報学・仏教学。

主な著書に『日本の文化をデジタル世界に伝える』(樹村房、2019年)、『人文学のためのテキストデータ構築入門——TEIガイドラインに準拠した取り組みにむけて』(共編著、文学通信、2022年)、『欧米圏デジタル・ヒューマニ

ティーズの基礎知識』(共編著、文学通信、2021年)などがある。

山本和明(やまもと・かずあき)

1962年生まれ。国文学研究資料館教授。同館古典籍共同研究事業センター長(併任)。

専門は19世紀日本文学研究。

主な著書に『近世後期江戸小説論攷』(勉誠出版、2023年)、『近世戯作の〈近代〉』(勉誠出版、2019年)などがある。

西岡千文(にしおか・ちふみ)

1988年生まれ。国立情報学研究所・助教。

専門は学術情報流通、オープンサイエンス。

主な論文に「日本の学術出版物におけるオープン・サイテーションの分析」(『情報知識学会誌』30(1)、2020年)、Understanding IIIF image usage based on server log analysis, *Digital Scholarship in the Humanities*, Vol.36, Supplement 2, 2021などがある。

山田太造(やまだ・たいぞう)

1977年生まれ。東京大学史料編纂所前近代日本史情報国際センター准教授。

専門はデータ工学。

主な論文に「歴史データをつなぐこと ―― 目録データ」(『歴史情報学の教科書 ―― 歴史のデータが世界をひらく』文学通信、2019年)、「東京大学史料編纂所の編纂とその事業にともなうデータベース」(『「総合資料学」の挑戦 ―― 異分野融合研究の最前線』吉川弘文館、2017年)、「文字データベース連携の課題」(『漢字字体史研究 二』勉誠出版、2017年)などがある。

大沼太兵衛(おおぬま・たへえ)

1979年生まれ。国立国会図書館司書。

専門はデジタルアーカイブ、デジタル長期保存、フランスの文化遺産制度史。主な論文・訳書に「Text Encoding Initiative とは――フランスにおける各種プロジェクトを例として」(『日仏図書館情報研究』(43)、2019年)、「デジタル環境下における情報専門職の専門性の検討――デジタルアーカイブを軸として」(『資料と公共性――2021年度研究成果年次報告書』、2022年)、ブリュノ・ガラン『アーカイヴズ』(白水社文庫クセジュ、2021年)などがある。

小風尚樹(こかぜ・なおき)
1989年生まれ。千葉大学助教。
専門は近代イギリス史、デジタル・ヒューマニティーズ、デジタル・ヒストリー。
主な著書・論文に『欧米圏デジタル・ヒューマニティーズの基礎知識』(共編著、文学通信、2021年)、「アトリエに吹く風――デジタル・ヒストリーと史料」(『西洋史学』(268)、2019年)、「イギリス海軍における節約と旧式艦の処分――クリミア戦争からワシントン海軍軍縮条約を中心に」(『国際武器移転史』(8)、2019年)などがある。

村井 源(むらい・はじめ)
1977年生まれ。公立はこだて未来大学教授。
専門は計量文献学、物語論、人工知能、自然言語処理。
主な論文に「既存作品中の物語の基本パターンに基づく物語構造の自動生成」(『情報処理学会論文誌』63(2)、2022年)、「作品解釈と評価の定量化の試み――批評から創作に向けて」(『人工知能』33(6)、2018年)、Exegetical Science for the Interpretation of the Bible: Algorithms and Software for Quantitative Analysis of Christian Documents, *Software Engineering, Artificial Intelligence, Networking and Parallel/Distributed Computing Studies in Computational Intelligence*, 492, 2013などがある。

佐々木孝浩(ささき・たかひろ)
1962年生まれ。慶應義塾大学附属研究所斯道文庫教授。
専門は日本古典書誌学。
主な著書・論文に『日本古典書誌学論』(笠間書院、2016年)、「本と〈作者〉
——作品の格と内題との関係」(『〈作者〉とは何か 継承・占有・共同性』岩波
書店、2021年)、「日本の写本——装訂を中心として」(『書物・印刷・本屋
——日中韓をめぐる本の文化史』勉誠出版、2021年)などがある。

髙岸 輝(たかぎし・あきら)
1971年生まれ。東京大学大学院人文社会系研究科教授。
専門は日本美術史。
主な著書に『ボストン美術館日本美術総合調査図録』(共同監修、中央公論美
術出版、2022年)、『中世やまと絵史論』(吉川弘文館、2020年)などがある。

小風綾乃(こかぜ・あやの)
1991年生まれ。国立歴史民俗博物館プロジェクト研究員。
専門は近世フランス史。
主な論文に「18世紀パリ王立科学アカデミー集会の出席会員分析に向けた
データ構築と可視化」(『研究報告人文科学とコンピュータ(CH)』2020年)、
「摂政期のフランス王権とパリ王立科学アカデミー——1716年の会員制度改
定を中心に」(『人間文化創成科学論叢』2019年)などがある。

大向一輝(おおむかい・いっき)
1977年生まれ。東京大学大学院人文社会系研究科准教授。
専門は人文情報学、ウェブ情報学、学術コミュニケーション。
主な著書に『デジタル時代のアーカイブ系譜学』(共著、みすず書房、2022年)、
『ウェブがわかる本』(岩波書店、2007年)などがある。

責任編集

鈴木親彦 (すずき・ちかひこ)

1980年生まれ。群馬県立女子大学文学部文化情報学科准教授。
専門は人文情報学、文化資源学。
主な著書・論文に『オックスフォード　出版の辞典』（共訳、丸
善出版、2023年）、『デジタル時代のアーカイブ系譜学』（共著、
みすず書房、2022年）、Geographic analysis of published guidebooks
and personal diaries on the diversity of city image in the Edo period,
Digital Humanities 2022, 2022 などがある。

デジタルアーカイブ・ベーシックス

共振するデジタル人文学と
デジタルアーカイブ

2023年7月20日　初版発行

責任編集　鈴木親彦
発 行 者　吉田祐輔
発 行 所　㈱勉誠社
　　　　　〒 101-0061　東京都千代田区神田三崎町 2-18-4
　　　　　TEL：(03)5215-9021(代)　FAX：(03)5215-9025

印　刷
製　本　三美印刷㈱
組　版　デザインオフィス・イメディア（服部隆広）

ISBN978-4-585-30302-2　C1000

デジタルアーカイブ・
ベーシックス

知識インフラの
再設計

デジタルアーカイブの制度や仕組みに
スポットをあて、法律、教育、経営、
経済などさまざまな分野の専門家によ
る論考から、知識インフラを「再設
計」する。

数藤雅彦 責任編集
本体 3,200 円 (＋税)

デジタルアーカイブ・
ベーシックス 1

権利処理と
法の実務

著作権、肖像権・プライバシー権、所
有権…。デジタルアーカイブをめぐる
「壁」にどのように対処すべきか。
デジタルアーカイブ学会第2回学会賞
(学術賞) 受賞！

福井健策 監修
数藤雅彦 責任編集
本体 2,500 円 (＋税)

デジタルアーカイブ・
ベーシックス 2

災害記録を
未来に活かす

博物館、図書館のみならず、放送局や
新聞社など、各種機関・企業が行なっ
ているデジタルアーカイブの取り組み
の実例を紹介。記録を残し、伝えてい
くこと、デジタルアーカイブを防災に
活用することの意義をまとめた一冊。

今村文彦 監修
鈴木親彦 責任編集
本体 2,500 円 (＋税)

デジタルアーカイブ・
ベーシックス 3

自然史・理工系
研究データの活用

高等教育機関、自然史・理工系博物
館、研究機関が開発・運用している各
種データベースやWebサイトを紹介
し、天文学、生物学、地球惑星科学、
環境学など、自然科学分野における取
り組みの事例を一望する。

井上透 監修
中村覚 責任編集
本体 2,500 円 (＋税)

デジタルアーカイブ・
ベーシックス 4
アートシーンを
支える

日本の芸術分野におけるデジタル対応
の概要・現状から問題点まで、美術館、
博物館などの事例をもとに、幅広く紹
介。美術のみならず、音楽、舞踏、服
飾のアーカイブの事例も掲載。アート
アーカイブの実状を知るための一冊。

高野明彦 監修
嘉村哲郎 責任編集
本体 2,500 円（＋税）

デジタルアーカイブ・
ベーシックス 5
新しい産業創造へ

日本の企業はデジタルアーカイブをど
のように利活用し、それをビジネスに
昇華しているのか？
先進的な企業の取組みを紹介すること
で、産業におけるデジタルアーカイブ
の可能性を探る。

時実象一 監修
久永一郎 責任編集
本体 2,500 円（＋税）

入門
デジタル
アーカイブ
まなぶ・つくる・つかう

デジタルアーカイブの設計から構築、
公開・運用までの全工程・過程を網羅
的に説明する、これまでにない実践的
テキスト。
これを読めば誰でもデジタルアーカイ
ブを造れる！

柳与志夫 責任編集
本体 2,500 円（＋税）

ライブラリーぶっくす
ポストデジタル
時代の
公共図書館

電子書籍市場の実態や米国図書館、日
本の大学図書館との比較を通して、ポ
ストデジタル時代に対応する公共図書
館の未来像を活写する。

植村八潮・柳与志夫 編
本体 2,000 円（＋税）

ライブラリーぶっくす

調べ物に役立つ
図書館の
データベース

図書館で使える便利なツールと、その使
用方法を紹介。OPACや、キーワードを
使った検索方法についても、やさしく解
説。Webで使える無料のデータベースも
紹介。これまでになかったデータベース
の使い方の入門的ガイドブック！

小曽川真貴 著
本体 1,800 円 (＋税)

デジタル
アーカイブの
新展開

文化財のデジタル化や、映画・新聞・
テレビ・ウェブなどメディアのデジタル
アーカイブ、3DやAIを始めとする革新
的技術の動向など、具体的な事例を豊富
な図とともに紹介。デジタルアーカイブ
の現状をわかりやすく解説した一冊！

時実象一 著
本体 2,100 円 (＋税)

書物学　第 23 巻

文化財をつなぐ
ひと・もの・わざ
香雪美術館書画コレクション
を支える装潢修理の世界

文化財を次世代へとつなぐために、研
究者、装潢師の人びとは、何を考え、
どのように行動してきたのか。香雪美
術館の修理事業を紐解き、文化財を考
えるための新たな視点を提示する。

編集部 編
本体 1,800 円 (＋税)

ライブラリー
学校図書館学 1

読書と
豊かな人間性

高校生を中心としたヤングアダルトの
読書離れが、国内外で深刻な社会問題
となっている。本書では、より広い視
野から子どもの読書の実情や読書環境
を捉え、学校図書館の活用による読書
教育のあり方について論じる。

金沢みどり・河村俊太郎 著
本体 2,500 円 (＋税)